지성소의 비밀

SECRETS of the Most Holy Place
copyright © 1992 Don Nori
All right reserved.
Published by Destiny Image Publishers, Inc.
P.O. Box 310, Shippensburg, PA 17257-0310
All rights reserved.
Korean Translation Copyright © 2010 by Shekinah publications.

이 책의 한국어판 저작권은 쉐키나 출판사에 있습니다.
저작권법에 의해 한국에서 보호받는 저작물이므로 무단전재와 무단복제를 금합니다.

Secrets of the Most Holy Place

휘장 속 삶의 예언적 비유

지성소의 비밀

단 노리 지음 | 고병현 옮김

Shekinah MEDIA

저희 온 가족의 진정한 리더요 멘토이자,
친구였던 딕 우드칵에게 이 책을 바칩니다.
그는 위엄 있고 청렴한 사람이었습니다.
그를 추모합니다.

차례

서문   9
서론   11

1장 지성소의 비밀   19
2장 고린도 전서 13장의 비밀   25
3장 접근할 수 없는 빛의 비밀   33
4장 중보의 비밀   47
5장 영적 전쟁의 비밀   57
6장 안식의 비밀   67
7장 주님의 영광의 비밀   75
8장 완성의 비밀   85
9장 우리 유업의 비밀   97
10장 주님의 주권의 비밀   113
11장 관계의 비밀   127
12장 구원의 비밀   137
13장 교회의 비밀   145
14장 휘장의 비밀   155
15장 하나님의 사랑의 비밀   171
16장 주님의 나타나심의 비밀   179

후기   189

서문

이 책은 아주 신나고 흥분되는 책이다.

예수 그리스도의 진리를 더 새롭고 신선한 방식으로 표현하는 것보다 더 절실한 필요는 없다. 복음에 그러한 표현을 필요로 하는 부분이 있다면, 그것은 예수 그리스도의 더 깊은 차원을 다루는 부분이다. 단은 이 심오한 진리를 새롭고 명확하게, 그리고 와닿도록 설명하는 데 애써 주었다.

이 책은 단지 주님의 마음에 닿는 신학적 해석이 아니다. 신학적 목적으로 이 책을 찾는다면 무언가 부족할 것이다. 여러분을 예수와의 깊은 관계 가운데로 이끌도록 하라.

많은 이들이 관심을 기울이지 않지만, 우리가 예수 그리스도와 하나될 수 있다는 이야기보다 더 중요한 주제는 없다. 단은 생생하고 역동적인 방법으로 지상의 것과 천상의 것의 경계선이 희미해지는 휘장 속으로, 또 휘장 너머로 우리를 이끌어 간다. 여러분들은 이 부분에서 전쟁과 기도, 그리스도 '안의' 그리스도인, 그리고 주님과 하나되어 자신을 잃어버리는 그리스도인의 삶에 대해 새로이 깨닫게 될 것이다.

단은 거기서 그치지 않고, 우리를 전쟁터로 데려 간다. 우리의 유업이 있는 곳 말이다. 교회에 대한 새로운 갈망을 일으켜 주고, 우리와 기독 공동체의 유업이 현재 주어진 것이지 장래의 천년 왕국에 가능한 것이 아님을 명쾌하게 보여 준다.

이 책은 교리나 신학을 기록해 놓은 것이 아니다. 하나님과의 경험을 통해, 여러분을 전통적 기독교 세계를 뛰어넘어 놀랍고 역동적인 여정으로 이끌 것이다.

여러분이 그 말씀들을 마음에 둔다면, 그 체험에 이르게 될 것이다.

미국 메인 주 루이스턴 시에서,

작가 진 워즈

서론

여러분은 주님의 음성을 기대하고 있다.

휘장 안에서부터 나오는 하나님 아버지의 음성 듣기를 기대하고 있다. 여러분의 마음은 열려 있고, 귀는 여러분에게 전하실 말씀이 많은 그분을 향해 있다. 제사장 나라가 휘장 속으로 들어오도록 주님께서 부르실 때, 여러분은 단지 바라보는 것으로 만족하지 않을 것이다.

주님께서는 여러분에게 손짓하고 계신다. 제사장들을 그분께로 부르고 계시며, 여러분이 그 제사장이 될 수 있다. 선지자의 목소리 너머 저편, 하나님의 마음 깊은 곳에 여러분이 예수와 같이 되기를 바라시는 그분의 갈망이 있다. 여러분의 사는 방식, 목소리, 그리고 섬김을 통해, 여러분은 휘장 속 하나님 아버지와 함께 앉아 계신 주 예수를 향하게 된다.

오늘날의 아우성과 웅성대는 소리 가득한 예언 너머로, 큰 음악회 전에 조율하고 있는 악단의 일부인 나팔이 점점 크게 소리를 낸다. 여러분이 이 제사장 단에 속해 있다. 여러분은 주파수와 초점이 완벽히 그분께 맞춰져 있다. 그분의 교회와 더불어, 여러분은 땅에 새 소리를 발하고 있다. 이것은 옛 소리와 같지 않다. 완전히 새로운 이것은, 여러분의 분주함과 많은 활동에 종지부를 찍고 여호와의 음성을 듣게 하는 것이다. 그 때에만 여러분의 일들이 그분의 일이 되어, 스스로의 왕국을 건설하기에만 급급한, 완악한 교회 시스템의 목재와 건초, 그루터기가 아닌 금과 은을 산출할 수 있을 것이다.

여러분은 주님의 음성을 기대하고 있다. 여러분은 지성소의 비밀을 듣고자 한다. 왜냐하면 그것은 그분을 경외하는 자에게 주어지기 때문이다. 주께서 그들에게 그분의 언약을 나타내실 것이다. 교만이나 자기 과신에 빠진 이들에게는 해당되지 않는 이야기다. 그것은 보이기 위한 것도, 이득을 위한 것도 아니다. 주님, 오직 주님 한 분만을 위한 것이다. 그분, 그분 한 분을 통해서만 가능한 것이다. 그리고 주께서는 여러분을 초대하고 계신다. 여러분이 이 책의 페이지들을 넘길 때, 이 초대에 응해 깊은 경이를 발견하게 되기를 바란다.

그러나 이 땅에는 새로운 소리가 있다. 속도를 낮춰 보라. 아니, 멈추어 보라! 들어 보라! 가을날, 산들바람이 초원을 어루만질 때 날씨에 뚜렷한 변화가 생기듯, 주님의 영은 교회를 어루만지고 계신다. 주께서는 교회와 여러분의 주목을 기다리고 계신다. 그리고 잠잠히 교회에, 또 여러분에게 뚜렷한 변화가 코앞에 다가왔음을 깊은 곳으로부터 확신시켜 주실 것이다.

산들바람의 가벼움을 인해 오해하지 말라. 그 온화함에 속기 쉽기 때문이다. 그 뒤에는 유례 없는 큰 영적 변동이 뒤따르게 돼 있다. 영적 기상계(氣像械)의 방향은 바뀌었다. 성령의 바람이 전력으로 그분의 백성을 지성소로 이끌며, 이중성, 산만함, 경쟁이 없는 곳으로 이끌고 있다. 그러나 그 곳, 휘장 안에는 그분께서 홀로 우리를 꾸준히 부르고 계신다. "이리 오라."

여러분은 지금껏 가보지 못한 길을 여행하게 될 것이다. 논할 여지도 없이, 이것은 가장 짜릿하지만 동시에 가장 위험한 순례의 길이다. 왜냐하면 여러분이 알다시피, 여러분의 생명을 조건으로 하고 있기 때문이다. 찢어진 휘장에 선, 그분을 향해 불타는 여러분의 마음은 다가올 시대를 고대하고 있고, 여러분은 주님의 날의 문지방에 서 있음을 깨닫는다.

종교적 장신구 꾸러미는 휘장이 찢어진 곳에 버려 둬야 한다. 왜냐하면 그 곳에 들어갈 때는 홀로여야 하기 때문이다. 자격도, 직함도, 은사도 가져갈 수 없다. 오직 그분의 빛만이 여러분의 나체를 덮으시고, 그 임재만이 여러분의 힘이 된다.

왜냐하면 그 곳은 그분의 영역이자 그분의 영토이기 때문이다. 여러분은 인간의 조언이나 정력, 지혜를 필요로 하지 않으시는 하나님께 대한 반응으로만 이 곳에 들어가게 된다. 주께서는 모든 일을 홀로 하실 수 있다. 주께서 여러분을 통해 일하기로 선택하시는 이유는, 그저 여러분을 온전히 사랑하시기 때문이다.

성령의 바람이 하나님의 영원한 목적을 향하도록 여러분의 마음을 돌리시고, 우리는 두 날들 사이에 있음을 계시해 주신다. 불완전함은 사라지고, 완전함이 그 자리를 대신한다. 아이는 떠나가고, 어른이 그 자리에 들어온다. 부분적인 것을 충만함이 대체한다. 예수 그리스도의 얼굴에서 영광이 빛을 발할 때, 침침함은 사라지고 접근할 수 없는 빛이 다가온다. 여러분은 그분께서 아시는 대로의 여러분 자신의 모습을 알게 될 것이다. 믿음과 소망, 장래에 대한 기대의 부분들이 어제의 꿈과 내일의 소망에 대한 현재적 성취인 사랑으로 대체된다. 오늘은 구원의 날이요, 새 언약이 온전한 충만함으로 드러나는 때다.

성령께서는 계속해서 역사하신다. 여러분은 휘장 속 여러분의 사역을 발견하게 되고, 그분과 더불어 다스리고 통치하도록 부르시는 '속죄소(Mercy Seat)' 위 그분께서 영원히 거하시는 곳을 발견한다. 주님께서 다시 오실 때는 죄 짐을 지시기 위해서가 아니라 굶주리고 갈망하는 심령들에게 새 언약의 충만함을 계시하시고 시행하시기 위해 오신다.

마지막이지만 가장 귀한 것은, 성령께서 여러분의 마음을 여시고 여러분에게 주님의 큰 기쁨의 말씀을 들려 주신다는 것이다. "우리가 그분을 뵈면, 그분처럼 될 것입니다. 왜냐하면 우리는 있는 그대로의 그분을 볼 것이기 때문입니다." 구원의 역사는 임하기 시작하고 있다. 지금껏 보지 못한 예수의 모습을 곧 보게 될 것이다. 주님의 모든 거룩하심과 절대적 찬란하심을 여러분은 볼 것이다. 그분을 뵐 때, 여러분은 눈 깜짝할 새에 변화될 것이다. 그분처럼 되는 것이다. 왜냐하면 여러분이 섬기는 왕께서 불현듯 당신의 성전으로 오시기 때문이다.

이 때만큼은 인간이 하나님과의 체험을 위조할 수 없다. 하나님께서는 그분의 보좌로부터 일어나 흘러나오시며, 지성소로부터 세찬 강줄기처럼 솟아나오신다. 이것은 인간이 시작하는 것도, 인간이 마무리하는 것도 아니다. 여기에는 인간의 땀 냄새가 나지 않는다. 인간의 몫이 이 곳에는 없고, 오직 하나님께서만 문자 그대로, 전적으로, 무조건적으로 하나님 되시는 곳이다.

여러분의 외침, 꾸짖음, 또 악랄한 전투의 소리는 휘장 안으로 들어갈 때 잠잠해진다. 거기에서 모든 인간의 영적 전쟁은 주님의 최후 승리라는 놀라운 실제로 인해 소멸된다. 여러분이 예수와 함께 자리에 앉을 때 패배한 적들에 대한 계시를 보고 경악할 것이다. 전쟁의 외침 대신에, 예배의 외침과 친밀함의 가락이 여러분의 마음에서 솟아날 것이다. 주님을 찬양하는 것 외에 누가 무엇을 할 수 있겠는가? 그분의 강하심을 인정하는 것 외에 어떡하겠는가?

여러분은 주님의 음성 듣기를 기다리고 있다. 주님의 약속은 굳건하다. 주께서는 조금의 망설임도 없이 약속을 성취하신다. 오히려 그 일을 행하시는 것이 주님 마음의 기쁨인 것이다. 듣는 모든 사람들, 반응하는 모든 사람들은 휘장 속에 그분과 동석하게 될 것이다. 여러분의 마음의 갈망이 성취되는 것을 체험할 것이다. 여러분이 그 가운데 있을 것이다.

여러분의 마음이 여러분을 내어주는 것이다.

◼ 관련 성경 구절

고전 3:12-13

시 25:14

욥 12:13, 21:16

잠 8:14

고전 13:10-12

고후 4:6

고전 13:13

히 3:7-13

계 20:6, 22:5

히 9:28

요일 3:2

고전 15:51-52

말 3:1

Secrets of the
Most Holy Place

1장
지성소의
비밀

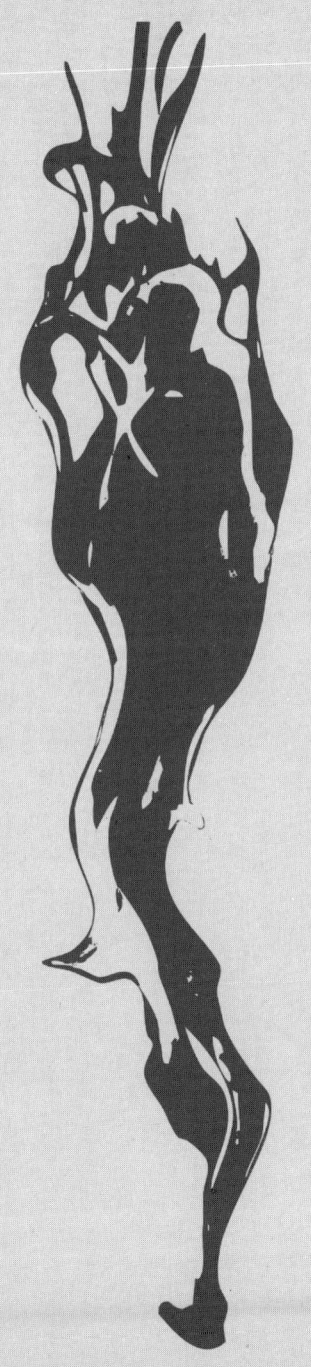

비밀이 하나 있다. 하나님께서 홀로 거하시는 지성소에 대한 비밀이다. 확실한 것은, 하나님께서 여러분이 그분의 임재와 위엄의 영광을 소유하기를 늘 원하셨다는 것이다. 주께서는 삶의 가장 놀라운 지경으로 이끌려 오고 있는 여러분을 위한 교제와 사역의 장소로 이 지성소를 준비해 두셨다는 것이다. 이 지경 안에서 여러분이 그분을 뵐 때, 그분을 향한 여러분의 교제와 사역은, 이 영원의 편에서 겪는 최고봉의 경험이다. 하나님께서는 늘 이것을 바라시며 계획하셨고, 정해 놓으셨다.

이것은 평소 신앙 생활을 하며 여러분이 배워 온 것과 너무나 현격히 다르다. 기독교는 항상 장래의 소망에만 편향되어 있고 현재로서의 실재성은 거의 없는 듯했다. 내일은 나아질 것이다. 하늘에서 주를 뵐 것이다. 고통과 아픔으로부터 해방되는 체험을 하려면 죽어야 한다. 예수께서 죽으심으로 이뤄진 대부분의 것들은 미래를 위한 것으로 격하되었다. 십자가로 이 편에서 얻어진 유일한 것은 사후에 하나님과 영생할 수 있다는 확신이었다.

물론, 그러한 종교도 현재를 위한 일정량의 소망을 준다. 이 삶의 치열한 난관에 대한 답을 주는 경우도 없지는 않지만, 여러분의 신앙은 현실 및 현 상황과 무관한 게 되어 버린다.

하나님 나라를 하늘에 가둬 둠으로써 여러분은 이 생의 싸움을 홀로 해나가게 된다.

이러한 종교에는 오늘을 위한 소망이 결코 있을 수 없으며, 현재를 위한 더 나은 삶이 있을 수 없다. 그저 언젠가, 저 건너편에 닿는 날은 모든 게 달라지고, 좋아질 것이라는 뭉뚱그린 약속뿐이다. '그 곳에 가면' 예수께서 모든 눈물과 슬픔과 고통을 없애 버리시리라. '그 곳에 가면' 낙심과 고생과 두려움이 없으리라.

물론 하늘에 이 놀라운 혜택들이 없다는 뜻으로 하는 말이 아니다. 분명히 하늘에는 그런 게 있다. 예수의 죽음과 부활로 우리를 평생 슬프게 했던 문제들로부터 영원한 자유를 얻었다. 하늘에서의 기쁨은 분명 말로 표현할 수 없을 것이다. 하늘에서는 분명히 건강과 온전함을 누릴 것이다. 하늘에는 분명히 지식과 계시가 있을 것이다.

허나 잘 들어 보라. 예수께서 땅에 오신 목적은 하늘의 체험을 땅에 임하게 하시려는 것이었다. 하늘의 온전함과 강건함이 여러분께 임하려는 것이었다. 하나님의 통치, 예수 그리스도의 주 되심은 하늘에서처럼 바로 현생에서 체험되도록 의도된 것이지, 사후 하늘에서만 누리도록 되어 있는 것이 아니다.

그래서 제자들이 예수께 기도의 방법을 여쭈었을 때, 이렇게 가르쳐 주신 것이다. "주님의 나라가 임하시고, 주님의 뜻이 하늘에서와 같이 땅에서도 이뤄지이다." 하늘에서 하나님의 뜻이 항상 이뤄졌던 것처럼, 그분의 계획은 과거에나 현재에나 그 뜻이 여러분의 마음 가운데 이뤄지는 것이다. 이 생에서 하나됨과 온전함을 누리는 것은 하나님의 인격 안에서만 가능하다. 실상 그것은 가능한 정도가 아니라, 인류를 향해 뜻하신 바이다.

예수께서는 여러분이 그저 천국에 갈 수 있도록 하려고 오신 것이 아니다. 단지 장래의 소망을 주시려고 오신 것이 아니다. 또한 도움과 안전만을 구하는 빈약한 기도들을 응답하러 오신 것도 아니다. 여러분이 하늘에 가득한 하나님의 충만함을 체험할 수 있도록 하기 위해 오신 것이다. 하나님의 왕국은 이 땅에 세워질 것인데, 그것은 여러분의 내면에서 시작된다.

교회는 이제 겨우 이 모든 의미를 체험, 혹은 이해하기 시작했다. 교회는 이 생의 문제 속에 너무 분투하며 사로잡혀서, 인류를 향한 이 땅에서의 하나님의 능력의 광대함과 그분의 계획의 완전함을 이해하지 못하고 있다. 교회는 하나님의 능력과 그분의 권력을 과소평가해 왔다. 교회가 꿈도 꿀 수 없을 만큼의 놀라운 능력과 사랑이 그분께 있음을 이해하려고도 하지 않는다.

하나님께서는 더 이상 하늘에만 계시는 분이 아니시다. 사실은, 하늘에만 계셨던 적도 없다. 지금 이 곳에 함께 계신다. 하나님께서는 언제나 그러셨듯, 여러분이 그분과 함께 지성소 휘장 안 분명한 임재 가운데 거하여, 그분의 달콤함과 충만함을 누리도록 부르고 계신다. 그러면 마침내 주님의 나라가 이 땅에 이뤄질 것이다.

◼ 관련 성경 구절

계 7:17, 21:4

마 6:10, 눅 11:2

요 10:10

사 2:2, 미 4:1

계 21:3

Secrets of the
Most Holy Place

2장
고린도 전서
13장의 비밀

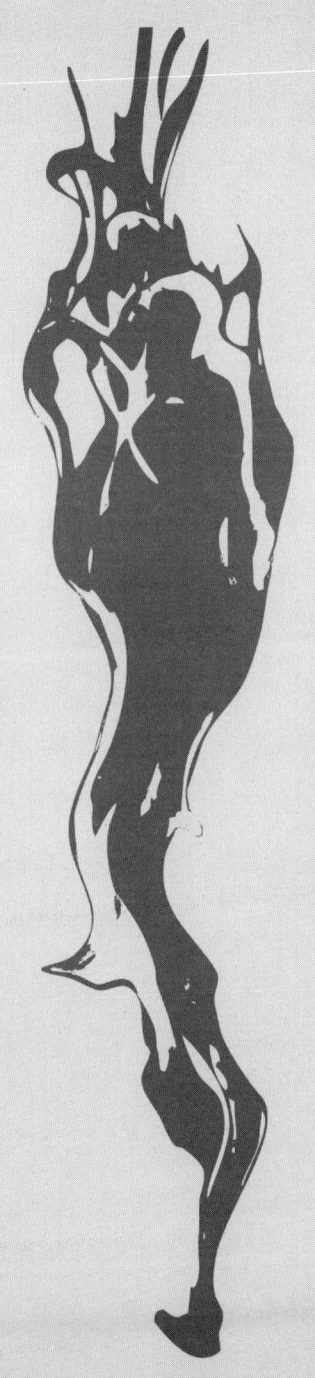

여정을 시작하기 전에, 여러분이 이제 곧 체험할 것들을 위한 준비가 됐는지 확인해야겠다. 등산가가 지도와 도표를 확인해 어디로 가야 할지를 분명히 하듯이, 여러분은 앞으로 탐험할 지형에 익숙해져야 한다. 그러나 여러분에게는 약간의 불리한 조건이 있다. 이 땅을 탐험한 사람들이 많지 않아서 길이 거의 미지에 가깝다는 것이다. 우리는 가끔 이 곳에 다녀온 이들의 보고를 들을 뿐이지만, 최선을 다해 여러분의 준비를 돕겠다. 그럼에도 불구하고, 여러분은 뜻밖의 상황에 대비해야 한다. 왜냐하면 하나님의 영역을 탐험할 때는 예상치 못한 일이 부지기수로 일어나니까 말이다.

고린도 전서 13장에 인쳐 있는 비밀이 있다. 이 비밀은 두 차원의 세계를 넘나드는 교문(橋門)이다. 여기서 사도들은 뒤의 성소로 손을 뻗어, 주님의 마음을 갈망하는 마음을 가진 이들에게 다가갔다. 하나님께서는 그들을 이쪽 차원에서 저쪽 차원으로 부드럽게 옮기시며, 이 성도들이 자신들보다 너무 먼 앞에 있어서 대부분 하나님께서 무엇을 행하셨는지도 깨닫지 못하는 장소에서 하나님을 체험하도록 예비해 주셨다. 또한 형언할 수 없는 하나님의 충만함의 세계를 잠깐 맛보게 하셨는데, 그것은 한 번만 체험하면 영원히 그것만 갈망하게 되는 종류의 것이다.

고린도 사람들은 대부분의 교회와 다를 것이 없었다. 성소 주변에서 투덜대며 갖가지 문제에 걸려 넘어지면서도, 서로를 앞서려 했다. 은사의 영역은 이중적인 부분이다. 거기서도 육신을 탈피할 수 없다. 우리는 바울 사도가 영적 실재들을 이러한 전형적 교회에 설명하려는 모습을 볼 수 있다. 성령의 부분적 조명으로, 그러니까 성령의 촛대로 밝혀진 빛을 통해 그는 여러 성도로 이뤄졌으면서도 단일한 공동체에서 갖가지 은사들이 역사할 수 있다는 사실을 풀어 준다. 예언과 방언, 그리고 혼돈과 질서에 대해 이야기한다. 교회의 육욕과 그로 말미암은 율법주의, 공식, 사리 충족을 위한 기회주의로 뚜렷하게 기우는 경향을 뼈 아프게 절감하며, 바울은 각각의 진리에 대해 정교한 균형을 유지하려 한다.

거의 격노에 가까운 숨을 뱉으며, 미친 듯이 그의 말을 받아 적는 서기관 앞에서 문득 말을 멈춘다. 손을 내저으며 이렇게 말한다. "그만, 잠깐만. 이런 건 다 너무 기술적이야. 훨씬 탁월한 방법이 생각났어!" 혼란에 빠져 있지만 그래도 정직한 이 형제들에게, 바울은 휘장 속 하나님의 충만함을 드러내 보이기 시작한다. 그는 모든 은사와 사역, 성령의 기름 부으심 뒤에 있는 존귀하고 거룩한 동기에 눈을 돌리게 한다. 그것은 하나님의 사랑이다. 주님께서는 동기와 목표를 분별하라고 강권하시며, 그들의 행위를 심판하신다.

바울이 "많은 이들이 그 날에 내게 와서 '주님, 주님, 저희가 주님의 이름으로 예언하고 귀신을 내어쫓지 않았습니까? 주님의 이름으로 큰 일들을 많이 하지 않았습니까?'라고 말할 때 내가 그들에게 이렇게 대답할 것이다. '나는 너를 안 적이 없다. 불법을 행하는 너희들은 내게서 떠나버려라'"라고 한 말은 그들에게 예수의 말씀을 상기시켜 준다. 진실된 관계를 떠나서는 순전한 동기가 있을 수 없다. 새 언약의 충만함을 체험할 때만 진실된 관계가 탄생되고 자라 간다. 새 언약은 보혈이 뿌려진 곳에 체험된다. 보혈은 속죄소에 흩뿌려지며 속죄소는 휘장 안에 있다.

바울은 휘장 안에만 교회, 그리고 우리를 위한 유일한 진짜 소망이 있음을 알았다. 그는 성령 충만한 삶의 외적 표현이 의미를 갖는 것은 예수와의 깊은 내적 관계로부터의 열매일 때뿐임을 보이기 시작한다. 지속적이고 참된 마음의 변화를 낳는 관계 말이다. 그는 자신도 방언으로 뜨겁게 기도하지만, 방언의 은사는 그 자체로 의미가 없다고 단호하게 기록한다. 이 초대교회의 고린도 사람들이 누렸던 것은, 예언이나 방언이나 지식이나, 결국 그칠 것이었다.

현재 사람들이 놓치고 있는, 더 큰 체험과 능력의 영역이 있다. 이 '더 큰 영역'은 온전함과 충만함이 있는 곳이다. 바울은 그들이 그 때까지 체험한 것보다 훨씬 큰 것이 있다는 암시를 고린도 사람들에게 심어 준다. 실상 이것은 그들이 중도의 수렁에 빠져 있다면, 하나님의 구속 계획의 충만함에는 결코 이르지 못하리라는 말이다.

분명히 은사의 영역은 '중도'의 영역이지 하나님의 마음의 충만한 표출이 아니다. 바울은 교회에 육신의 영역과 부분적인 것을 내버리고, 완전함으로 나아갈 것을 권고한다. 바울은 그들에게 자신들의 현주소를 보라고 명한다. 유아기라는 것이다! 방법은 유아적인 것들, 부분적인 것들, 은사의 영역을 뒤로 하고 성인기, 혹은 충만함으로 향해 가는 것이다.

성전의 설계도를 기억하는가? 바깥 뜰은 최초의 회심 체험에 비견될 수 있는 것으로, 성소로 들어갈 수 있게 해준다. 두 번째 뜰의 촛대와 기름, 불꽃은 성령으로 충만한 인간으로 볼 수 있다. 바깥 뜰의 체험은 영생을 주기는 하지만, 영적 광명과는 상관 없다. 이곳에는 태양광, 그러니까 인간적 지혜와 능력의 빛만이 있다. 성소에서는 육체와 영혼이 합력해 빛을 발한다. 여기에는 제사장들이 촛대를 돌보아 계속 불이 꺼지지 않게 한다. 이 혼합의 영역은 부분적이고 유아적이며, 불완전하고 침침한 거울의 영역이다.

그렇지만 휘장 속에는 혼합이 없다. 그 곳은 '온전히 주님만' 계신 영역이다. 휘장 속에서는 인간의 행위가 허용되지 않는다. 휘장 속에서는 인간의 땀이 무용지물이다. 왜냐하면 그 곳에 하나님 한 분만 현저하시기 때문이다. 그 곳에서 하나님께서 시작하시는 것이다.

휘장 내의 영역에는 성령이 충만하다. 여러분이 그 곳에서 보는 것은 무엇이든, 하나님의 빛을 통해 본다. 물리적 태양이 없고, 타오르는 촛대도 없다. 하지만 거기에는 접근할 수 없는 주님의 임재의 빛이 속죄소 위 그룹들 사이에서 빛과 진동을 일으키고 있다. 이 영역에는 빛과 자비가 있다. 전쟁과 질병, 고통은 없다. 휘장 안에는, 완전한 인간이신 그분(the Man)과 충만함이 있다. 휘장 안에는 주님만 홀로 계신다.

바깥 뜰 안에 믿음이 있다. 소망은 성소 안에 있다. 그러나 지성소 안에는 사랑이 거하고 있다. 믿음과 소망을 인해 여러분은 지금껏 얻지 못한 것을 기대할 수 있다. 사랑은 이제 체험이다. 사랑은 가장 위대한 만남, 그리고 현재적 실재다. 주님께서는 여러분의 마음을 그분의 사랑으로 비추시며 채우신다. 사랑은 내일 체험될 수 없다. 실상, 사랑은 미래를 현재로 끌어온다. 사랑은 과거로 손을 뻗어 우리가 견뎌 온 것을 이해시켜 준다. 사랑은 무조건적 사랑이신 그분께서 영원히 치유하시고 당당한 섬김으로 세차게 이끄시는, '스스로 계신 분'이심을 드러내 준다. 왜냐하면 주께서 씻으시고 고치시고 부르신 이들을 또한 완전케 하심을 우리가 알기 때문이다.

여러분의 마음이 부르짖을 때, 그 때가 여정을 시작할 때다. 기대함은 내면 깊은 곳에 불을 크게 지펴 준다. 기억하라. 찾는 자는 찾는다. 이제 곧 여러분은 하나님의 온전히 빛나는 영광을 발견할 것이다.

◀ 관련 성경 구절

고전 12장
고전 12:13
마 7:22-23
레 16:13-15
출 26:34
고전 13:1
고전 14:1-18
고전 13:8
출 27:21
출 25:22, 7:89
히 11:1

Secrets of the
Most Holy Place

3장
접근할 수 없는 빛의 비밀

접근할 수 없는 하나님께 다가갈 수 있는 여러분에게는 능력이 있다. 여러분은 휘장 속에 서서 속죄소 위의 그룹들을 뚫어지게 바라볼 수 있는 준비가 돼 있다. 오만한 자는 휘장 안에 들어설 수 없다. 자신의 성취와 은사, 재능을 뽐내는 자는 들어갈 수 없다. 하지만 그분을 진정으로 구하는 자는 들어갈 수 있다. 나는 여러분이 주님을 원하는 사람임을 안다.

여러분의 마음을 따르라. 여러분은 그분을 원한다! 여러분의 마음이 주님과의 교제와 친밀을 갈망하며 아파하고 있다. 주께서 주시는 환희와 만족 같은 건 어디에도 없다. 여러분이 살아 갈 이유를 그분 외에는 찾을 수 없다. 그래서 여러분의 마음이 가까이 계신 그분, 온유하신 그분을 찾아 여러분을 이끄는 것이다. 감출 줄 모르고, 그분 외의 것으로는 충족되지 않는 여러분의 마음이 여러분으로 하여금 쉼 없이 그분을 찾게 하는 것이다.

그분을 갈망하는 여러분의 마음이 성전으로 이끄는 것이다. 천천히 주위를 둘러보고 부드럽고 애정 있게 구조물들을 만져 보며, 여러분은 더욱 더 주님을 갈구하게 된다.

그분을 찾아갈 때, 여러분은 입구와 바깥 뜰의 제단을 지나 성소의 촛대를 발견하게 된다. 그러나 여기서 얻어지는 기쁨과 내면의 만족감은, 여러분을 자신보다 강한 힘(그분의 사랑)으로 밀어 더 깊이 들어가게 한다.

여러분의 생각은, 여러분을 하나님께서 거하시는 지성소와 분리시키는 양장에서 미적거린다. 여러분은 앞을 막은 이 휘장 앞에서 페이스가 흔들린다. 촛불들이 바닥의 희미한 핏자국들을 비출 때, 여러분은 깜짝 놀란다.

이 핏자국들은 온전히 성소를 관통해 흘러, 양장에 튀며 적시다가 휘장 아래서 결국 사라진다. 그리고 주께서 이 말씀을 하실 때, 깊은 곳으로부터 그 음성이 솟아나온다. "우리는 예수의 보혈, 주께서 우리가 휘장 안으로 들어갈 수 있도록 열어주신 새롭고 살아 있는 길 곧 주님의 육체로 인해 성소에 들어갈 담력을 얻었다. 이제 우리 마음에 보혈이 뿌려져 악한 양심으로부터 깨끗함을 받고 우리 몸이 정수(淨水)로 씻기었으니, 충만하고 확실한 믿음으로 가까이 가자." **주님의 보혈로 새로운 길이 열린 것이다! 내 양심이 보혈로 깨끗해졌다는 것인가? 더 이상 죄책감도 없고, 과거로부터 자유하다는 말인가?**

새로이 알게 된 사실을 감당치 못해, 여러분은 양장을 실지로 밀고 보혈의 흔적을 따라 휘장 속으로 들어가려 한다. 촛불로 비춰진 핏방울들을 따라가는 것은, 형언할 수 없는 기쁨에 눈물이 앞을 가려 너무나 어렵다. 휘장 속에서 길을 찾고자 하는 여러분은 계속해서 스스로에게 중얼거린다. "나는 자유롭다. 더 이상의 죄책감은 없다! 더 이상 죄짐을 지고 다닐 필요가 없어! 자유로이 내 사명을 감당할 수 있어! 나를 붙잡는 건 아무것도 없어! 이제 주님의 목적을 따라가야지. 나와 그분을 갈라 놓을 것은 아무것도 없어!"

손이 떨리고 다리에 힘이 풀린 여러분은 이제 주님과의 사이를 갈라 놓는 건 1초도 견딜 수 없다는 생각을 한다. 이제 여러분의 마음은 눈에 보일 정도로 불타오르고 있고, 휘장 내에서의 그분을 향한 갈구는 맹렬한 수준이다. 마음의 갈망에 자신을 맡긴 여러분은, 이제 다시 공개적인 소망을 갖는다. 계속 죄책감과 두려움에 묶어 두려 했던 종교계의 절규에도 불구하고 여러분은 다시 한번 믿고 다시 한번 소망하고자 한다.

처음으로 여러분은 주께서 여러분과 함께 계심을 보고, 과거의 어떤 것도 여러분을 붙잡거나 주의를 돌릴 수 없음을 깨닫는다. 여러분의 장래, 곧 하나님께서 시작하시고 이끄시고 능력을 주신, 하나님께 대한 반응으로 충만한 미래가 그분 안에 있다. 이 세계에서는 모든 것이 변화된다. 이제 모든 움직임이 효과를 발하고 모든 계획이 확정된다. 주님의 왕국이 임해 여러분과 여러분 주위에 세워진다.

이제 여러분이 이 믿을 수 없는 여정에 도움을 받기 위해 가져왔던 모든 '것들'은 내려놓는다. 여러분은 그것들이 주님의 인정을 받기 위해 사용한, 거추장스러운 인간적 노력에 불과했음을 깨닫는다. 하나님께서는 우리가 가진 무언가를 찾고 계신 것이 전혀 아니다. 그저 우리를 원하신다. 이제 알겠는가? 하나님께서 여러분이 무엇을 할 수 있는지를 보시면, 여러분을 진정 사랑하시리라 생각했을 것이다.

물론 이것을 시인하기가 어렵다는 것을 알지만, 이제 여러분은 그분을 기쁘시게 하려는 육체적 노력이 얼마나 가련한 것이었는지 참 모습을 볼 수 있을 것이다. 주님께서는 어떤 '것들'에도 관심이 없으시고, 오로지 여러분에게만 관심이 있으시다. 왜냐하면 여러분을 있는 그대로 사랑하시지, 여러분이 주께 드릴 수 있다고 생각하는 그것 때문에 사랑하시는 것이 아니기 때문이다.

그러나 아직도 이 모든 '것들'이 여러분한테 튼튼히 붙어 있는 상태로 주를 향한 갈망이 정점에 달하면, 여러분은 더 이상 그것들을 가지고 다닐 수 없다. 필사적인 외침과 더불어, 여러분의 입술에서 이러한 말이 나오는 소리를 들을 것이다. "예수님, 용서해 주세요. 주님을 기쁘시게 하고자 했던 저의 인간적이고 교만한 시도들을 용서해 주세요." 여러분은 무릎을 꿇게 되고, 그 뒤에는 바닥에 납작 엎드린다. 회개의 눈물이 뚝뚝 떨어진다. 여러분의 마음속 가장 깊은 곳에서는, 이제 인생이 전혀 달라질 것을 확신한다. 용서의 물결이 여러분을 휩쓸어, 주님의 임재에 압도당하는 것이다.

갑자기 여러분은 천 개의 태양이 눈앞에 뜬 것처럼 사나운 안통(眼痛)을 느낀다. 만유가 침묵한다. 여러분은 온전히 홀로 있다. 실제로 그렇지 않을지라도, 최소한 그렇게 느낀다. 눈의 아픔은 너무나 격렬해 양손을 눈에 대지 않을 수 없다. 그런데 빛이 손가락 사이로 여전히 새어 들어온다. 부드럽지만 굳은 목소리가 여러분을 부른다. "내 아들아, 이리 오너라. 내 장자의 피가 너를 깨끗하게 했단다." 주님의 영이 여러분 내면에서 격동하며, 여러분은 그분께 이끌린다. 백 날의 새벽처럼, 여러분의 마음 가운데 이해가 홍수처럼 몰아친다. "주님을 뵈면, 우리는 주님과 같이 될 것입니다." 불현듯 여러분은 지금껏 지고 온, 육신적 선에 속한 '것들'을 고통스레 자각한다.

여전히 바닥에 얼굴을 대고 있는 여러분은 눈물의 회개를 통해, 잠시 전까지만 해도 여러분 자신이라고 생각했던 모습을 벗어버린다. 여러분의 교리가 가장 먼저 벗겨져 속죄소 바닥에 던져진다. 뒤이어 여러분의 재능이 주님의 발 아래 던져지고, 눈 깜짝할 새에 여러분의 은사와 사역이 뒤따른다. 한때 신성했던 이 목발들이 얼마나 순식간에 여러분에게 저주가 돼

버렸는지 놀랍기만 하다. 왜냐하면 그것들이 여러분을 주님께로부터 갈라 놓았기 때문이다.

여전히 전속력으로 달리는 여러분은, 이어서 우상 숭배와 재정 및 직업적 안주, 정치적 업적이라는 옷들을 광적인 속도로 벗어버린다. 그리고 다 마쳤다고 생각한 바로 그 순간에, 여러분은 이 모든 것이 마음속의 더 교활하고 파괴적인 충동을 감추고 있는 외형적인 것들일 뿐임을 깨닫고 충격을 받는다. 그러나 이것들조차 이제 주님의 눈부신 빛 가운데 드러난다.

여러분은 인간적 야망과 탐욕, 지위를 향한 육욕을 드러낸다. 여러분이 하나님께 부르짖을 때, 쓴 뿌리와 용서하지 못한 것들, 교만과 오만이 턱 하고 떨어져 나간다. "핀 숯을 제 입술에 대 주세요. 그러면 제가 사는 날 동안 순결하고 의로운 말을 할 것입니다!" 숨죽여 흐느끼는 여러분으로부터 증오와 슬픔, 불안과 불신의 짐이 마지막으로 모습을 드러낸다.

앞도 못 보고 숨도 못 쉬는 상태로 그렇게 주님 앞에 엎드릴 때, 여러분은 전에 체험해 보지 못한 정결함을 감지한다. 탈진해 버리기는 했지만, 여러분은 깃털보다 가벼운 느낌이다. 여러분의 하늘에는 구름 한 점 없고, 여러분에게는 도망칠 이유도 두려워할 이유도 없다. 여러분은 종교적 활동과 무의

미한 의식에 대한 욕구를 잃어버렸다. 여러분을 계속해서 분주하고 피로하고, 절망적이며 낙심되게 만들던 죄책감이라는 원동력은 더 이상 없다.

여러분은 상상할 수 없던 자유를 느끼며 아이처럼 깔깔댈 것이다. 오, 자유여! 오, 주님 안에 있다는 황홀경이여! 여러분의 내면 가장 깊은 곳으로부터 기쁨, 너무나 깊고 너무나 가득하고, 묘사가 불가하며 너무도 강력해 두렵기까지 한 기쁨이 솟아날 때, 여러분의 깔깔대는 소리는 큰 웃음소리로 바뀐다. 그렇지만 여러분은 그것이 하늘로부터 말미암았으며, 그것이 실재임을 잘 안다.

두 번째로 아버지의 음성이 들린다. "내 아들아, 예수의 보혈이 속죄소에 뿌려졌다. 이리 오너라! 내가 네 원수들로 네 발등상이 되게 하기까지 내 우편에 앉아 있거라." 재고의 여지 없이, 여러분은 일어난다. 그런데 그 때, 뼈까지 시리도록 굴욕적인 현실에 부딪힌다. 약간 거북해 보이는 상황을 생각할 때, 여러분은 조금 어색하긴 하지만 여전히 기쁨이 충만하다. 여러분은 완전히, 전적으로 발가벗은 상태이기 때문에, 주님 앞에 엎드려진 상태에서 일어나지 못한다.

"그런데요. 저는 할 수 없어요, 주님! 주님께 다가갈 수 없어요! 저를 덮고 있던 모든 것을 버렸거든요. 주님의 빛을 통해 보니까 도저히 아무런 가치가 없어서 다 집어 던져 버렸어요." 상황에 조금 충격을 받은 여러분은 주님께 고백한다. "저는 발가벗었습니다. 저의 나신을 가려 줄 것이 하나도 없어요!" 하나님 아버지의 위엄 있는 목소리가 1초의 침묵도 없이, 한 치의 흔들림도 없이 들려온다. "누가 너보고 벗었다 했느냐?"

아주 잠시 동안, 여러분은 아담의 절망적 상황에 아연실색한다. 그 역시 나타날 소망이 없는 상황에 정체돼 있었다. 그러나 여러분의 얼굴이 땅과 맞닿는 바로 그 바닥에, 선홍빛 피가 있다. 어떻게인지, 어디서인지 모르지만 영원 중에 하나님께서 베푸신 것임을 여러분은 안다. 여러분이 벗은 듯 보이고, 또 그렇게 느낄지라도, 어디서인지, 어떻게인지 모르는 하나님의 전능하신 섭리 가운데 여러분은 벗은 것이 아니다.

지금 내가 바로 서서 그분께 순종한다면 어떻게 될까? 이 생각은, 따라 가보기에는 너무나 야성적이지만, 여러분의 마음은 계속해서 따라가라는 명령을 주는 듯하다. 여러분의 이성은 일종의 망설이는 종처럼 변한다. 여러분은 '나는 정결하고, 거룩하고 순수해'라고 생각한다. 여러분의 손은 상식에 대한 완전한 반항으로 몸을 정자세로 밀어 낸다.

그러나 조금의 여유도 없이, 순간이라 할 만한 시간도 흐르지 않아 속죄소 위 그룹들 사이의 빛이 획 하는 소리를 내며 강하게 불어 닥쳐 여러분을 그분 안에 가둬 버린다. 그 곳에선 여러분은(인간적인 평가에 따르면) 철저히 적나라하게 벗은 상태로, 인간적 명예와 영향력을 줄 수 있는 것이란 하나도 없는 처지다. 그러나 하나님 안의 휘장 속에서, 여러분은 그분의 빛으로 옷을 입는다. 접근할 수조차 없는 빛으로 말이다!

"누구든지 자기 목숨을 구하고자 하는 자는 잃을 것이지만, 나를 위해 목숨을 잃고자 하는 자는 얻을 것이다." 이 부속물들을 휘장 안에 계신 그분과 비교하면 얼마나 공허하고 무가치한가! 여러분은 상한 심령의 겸손한 선지자이자 장쾌한 설교가요 하나님의 강한 사람인 세례 요한을 떠올린다. 그런데 요한은 자신의 연약함을 알았다. 그는 얼마나 강한 사람이었기에 당당히 자신의 사역을 내려 놓고 주님께만 면류관을 드리며, 온 세상에 "그는 흥하여야 하겠고, 나는 쇠하여야 할 것이다!"라고 말할 수 있었을까?

주님 앞에 서서 그 안에 갇히고, 그분으로 여러분이 충만해질 때 그분의 빛은 여러분을 곧 그분께로 데려간다. 주님과 함께 여러분의 속죄소 위에서 무수히 많은 천사들의 경배 소리가 여러분의 하나님께 공명(共鳴)해 올라가는 것을 들을 것이다. 이 영원의 예배 가운데 여러분은 스스로 주님께 서약 드리는 모습을 발견할 것이다.

"저의 왕이시여, 저는 언제나 주님 앞에 작은 자가 될 것입니다. 주님의 은혜로, 저는 주님의 영광스러운 임재를 저의 외양을 가렸던 종교적 부속물들과 바꾸지 않을 것입니다. 다시는 주께서 크신 은혜로 주신 은사와 사역들을 주님의 사랑과 인정을 사려 하는 데 쓰지 않겠습니다. 저는 아무것도 아니기 때문입니다. 정말 아무것도 아닙니다. 그리고 오늘 기쁨으로 주님께 드린 이것들을 다시 보기 원치 않습니다."

사랑어린, 그러나 꿰뚫어 보는 듯한 눈으로 주께서 여러분을 향하실 때, 여러분은 스스로의 변화를 인지한다. 여러분이 이제 영원히 주께 기쁨이 될 존재로 변형되는 것을 안다. 그때 그분의 눈은 엄하고 노하신 듯한 분위기다. 그렇다, 화가 나신 것이다. 주께서 여러분이 속죄소 발치에 내려놓은 무가치한 쓰레기 더미로 향하신다. 권능의 호흡과 함께, 주께서는 여러분을 그분으로부터 너무나 오랫동안 갈라놓았던 모든 것들을 주시하신다. 하나의 격렬한 불 줄기와 함께, 주님의 노가 그 모든 것을 소멸시킨다! 연기가 사라지는 것을 볼 때 형언할 수 없이 놀라운 감정이다! 재 하나도 남아 있지 않다! 모두 사라진 것이다! 이제 아무것도 여러분을 하나님 아버지의 사랑으로부터 갈라놓을 수 없다! 여러분은 그분의 것이다.

속죄소에 주님과 더불어 앉은 여러분은, 여러분의 시각이 극적으로 변화됐음을 깨닫는다. 극도의 굉장한 체험을 한 뒤, 여러분은 휘장 안에서 인류를 내다보고 하나님의 관점에서 인간들을 본다. 가장 열정적이라 하는 성도들조차 거듭나지 못한 상황임에, 여러분의 마음은 비탄으로 찢어질 지경이다.

대부분의 사람들이 주님에 대해 얼마나 아는 것이 없는지, 그리고 얼마나 작은 체험에 사람들이 만족하고 살아가는지 이루 말할 수 없다. 사람들의 수준 이하의 상황은 섬뜩하고, 여러분의 마음은 긍휼과 슬픔 가운데 그들을 향한다. 기도의 영이 내면으로부터 솟아난다. 여러분은 이제 지성소로부터 또 다른 비밀을 배우게 될 것이다. 바로 중보기도의 비밀이다.

◾ 관련 성경 구절

히 10:19-22

사 64:6

요일 3:2

사 6:5-7

시 110:1

눅 20:42-43

행 2:34-35

히 1:13

창 3:7-11상

딤전 6:16

마 16:25

막 8:35

눅 9:24, 17:33

요 3:30

롬 8:38-39

Secrets of the
Most Holy Place

4장
중보의 비밀

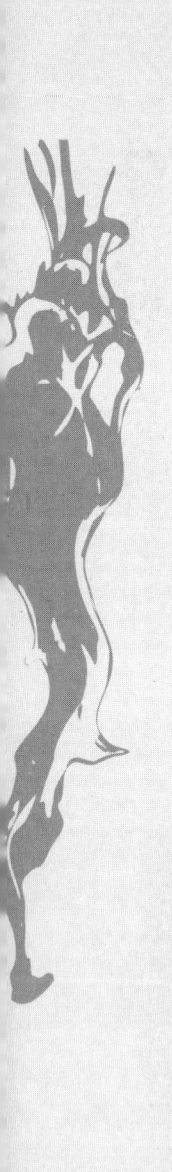

여러분은 하나님의 세상에 대한 시각에 초풍할 수도 있다. 주님께서 인류를 보시는 시각, 바로 여러분을 보시는 시각 말이다.

주님으로 싸여, 휘장 안 속죄소 위에 앉아 있으면 모든 것이 전혀 다르다. 여러분의 시야는 이제 천양지차로 다른 세계를 본다. 마치 주님께로부터 다른 눈을 받은 것처럼 말이다. 모든 것이 전과 똑같이 있지만, 전혀 다르기만 하다. 별세계의 시각인 것이다. 분명히 주님의 눈, 아니 주님의 마음을 통해 보는 것이다. 여러분은 아무 말도 할 수 없이 충격에 잠긴다. 겉사람은 아픔과 두려움을 감추지 못한다. 충격과 전적인 불신 가운데 바라보는 여러분은, 스스로에게 이런 말을 하는 듯하다. "철저하도록 깊은 인간의 박탈감을 가려 줄 만큼 두툼한 무화과 잎은 없구나."

인간의 전적인 황폐는 지금까지 상상했던 것을 훨씬 뛰어넘는다. 여러분 자신의 황폐함이 이제 충만한 수준에 달한다. 여러분은 인간의 최선의 노력조차 주님의 속죄소에서는 보이지 않는다는 것을 깨닫기 시작한다. 주님께서 흘리신 보혈만이 여러분으로 하여금 그분께 접근할 수 있도록 해주고 살아 있는 피가 여러분을 지탱해 주는 것임을 이해한다. 여러분은 주님의 온전하고 무조건적인 사랑을 새롭고 열정적으로 깨달은 상태에서 그분을 경배한다. "어떻게 이런 일이 있지?" 믿음이 없는 여러분은 경탄한다. "어떻게 주님의 사랑은 이토록 자비롭고, 오래 참고 긍휼이 충만할 수 있을까?"

속죄소 위 여러분의 자리에서 뒤돌아보니 성소를 통해, 또 바깥 뜰을 지나 수없이 많은 사람들이 보인다. 여러분의 마음은 가서 모두에게 예수와 교제하는 이 놀라운 세계를 전하라고 밀어붙인다. 그런데 여러분은 움직이지 못한다. 여러분의 마음이 밀치고 있지만, 주님의 임재가 여러분을 막는다. 주께서 여러분에게 말씀하신다. "내 아들아, 더 이상 내 임재 안으로 왔다 갔다 하는 일은 없을 것이다. 이제 내 생명이 계속해서 한결같이 솟아나 네가 기도하는 사람들에게로 흘러갈 것이다."

이제 여러분은 스스로를 필요의 중심으로 볼 수 없다. 이제 여러분은 그분을 뵀고, 여러분을 주님의 손바닥 안에 두심을 알게 됐다. 주님의 날개 그늘 아래, 여러분은 기쁨으로 노래한다. 주께서 여러분의 도움이시기 때문이다. 주께서는 여러분의 필요를 아신다. 영원한 사랑으로 백합화도 입히시고, 공중의 새들도 먹이시며 땅에 물도 주시는 것이다. 휘장 속, 접근 불가의 빛 가운데 거하는 여러분을 위해서라면 얼마나 더 큰 것을 해주시겠는가?

이제 여러분은 주 예수를 그 궁극의 희생으로 이끌었던 것과 동일한 사랑과 자비에 이끌림을 받는다. 휘장 안으로부터 주께서 세상을 향해 일하시는 역사를 볼 때, 여러분은 눈앞에 보이는 필요를 주님 앞에 대신 중보하며 스스로 사역하게 된다. 자기(自己)는 잊어버린 것이다. 주님 안에 완전하게 쇠하여진 것이다.

주님의 생명과 그 길이 여러분 내면에서 흥하여질수록, 여러분이 주님께 여쭈는 질문은 줄어만 간다. 여러분 자신의 길이 쇠하여 가는 것은 당연한 결과다. 여러분 자신이 토기라는 것을 이제 아는 것이다. 그 토기를 가지고 주 예수께서 그분의 일을 하시는 것이다. 여러분을 통해 주님께서 가장 자유로이 흘러 역사하신다. 더 이상 자기 의견을 고집하지도 말대꾸하지도, 주님의 명령에 의문을 갖지도 않는다. 여러분은 자신의 삶 속에 커져만 가시는 주님께 반응할 뿐이다.

여러분은 자신을 한 번도 드러내지 않았던 이들에게 반응하고 그들을 위해 기도할 때, 여러분 자신의 평판에 대한 생각들은 자취를 감춘다. 옛 사람의 저항하는 목소리가 늘 가로막고 붙잡아 왔지만, 이제 그건 다 연기 속으로 지나간 이야기다. 여러분은 기도 가운데 주인님의 명령을 따른다. 만나가 하늘에서 더 이상 떨어지지 않는 것은, 여러분 내면의 자아로부터 만나가 생성돼 나오기 때문이다. 여러분이 쪼개진 빵의 일부인 자리를 차지했으니, 생명이 뻗어 나오는 것이다. 긍휼을 인해 여러분은 조금 더, 조금 더 기도할 수밖에 없게 된다. 마치 실제로 밖에 나가 무슨 일을 벌이는 듯한 느낌이다. 그러나 주께서는 여러분의 물리적인 팔을 필요로 하지 않으심을 깨닫는다. 주님께 필요한 건 여러분의 뜻을 그분의 뜻에 맞추고, 여러분의 영을 성령께 굴복시키는 것뿐이다.

자 이제, 한때 그분을 **위해서**만 뛰던 여러분의 심장은 교회 및 주님께 도움을 부르짖는 이들을 위해 그분**과 함께** 뛰고 있다. 여러분은 예수 그리스도의 동역자가 된 것이다. 여러분은 주님의 사랑과 협조하고 있으며, 주님의 목적에 주파수가 맞춰져 있다. 여러분의 갈망이 그분의 갈망이 되고, 여러분의 동기도 그분의 동기가, 여러분의 기쁨도 그분의 기쁨이 되고 있다.

여러분은 교회에 소리친다. "이리 오라! 주님께서 계신 곳, 애써야 할 것 없이 그저 생명이 융성한 이 곳으로 오라." 여러분이 부르짖을수록, 기도 소리는 더 격앙된다. "이리 오라. 이곳은 하루 먹을 빵을 주우러 진영을 나가야 할 필요가 없는 곳이다. 그분의 영광을 위해, 그리고 그분의 목적 성취를 위해 부서진 이 영원의 빵과 하나될 수 있는 곳으로 오라. 이리로 오라. 여기에는 인정을 위한 더 이상의 투쟁도 없고, 오로지 태초부터 그대를 사랑하신 분과 흘러가는 일뿐이다."

여러분은 중보와 기도의 비밀을 발견한 것이다. 주님의 안식으로 들어간 것이다. 주님의 생명이 이제, 주께서 지으신 그릇인 여러분 속으로 자유롭게 관통해 다닌다. 생명을 변화시키는 것은 여러분이 아니다. 주님께서 하신다. 여러분은 누군가의 생각을 설득할 수도, 마음을 연화(軟化)할 수도 없다. 주님께서만 하실 수 있다. 여러분은 상한 심령을 치유할 수도 없고, 갇힌 자를 풀어 줄 수도 없다. 오로지 주님께만 그 능력이 있다.

여러분은 영원한 동기를 부여받은 것이다. 여러분은 필요와 깨어진 마음, 고뇌, 낙심을 본다. 고통과 괴로움을 본다. 불안과 절망에 치인, 수많은 인류를 본다. 옛 선지자처럼, 여러분은 열정적 결단으로 자신을 드리는 것이다. "주님, 제가 여기 있습니다. 저를 보내 주십시오." 여러분은 주님처럼 생각하고, 주님의 꿈을 꾸고, 주님의 사랑으로 사랑하며 주님의 생명으로 치유하기 시작한다. 주님의 감정에 감동을 받고, 주님의 능력으로 그분의 목적을 위해 사역한다.

이렇게 여러분은 점점 더 작아지기를, 그리고 하나님의 사랑이 이 땅을 정복하기를 밤낮으로 부르짖는다. 예수처럼, 여러분은 계속해서 기도한다. "주님의 나라가 임하소서. 하늘에서와 같이 주님의 뜻이 땅에서도 이뤄지이다."

여러분은 개인적이고 순전한 돌봄을 받는다는 사실을 아는 사람처럼, 다른 이들이 어떻게 생각할지 혹은 그들이 여러분을 인정할지에 대해선 개의치 않고 계속적으로 반응하고 행동한다. 여러분은 이미 인정받았고, 주께서는 전진하라고 명하고 계신다. 여러분은 자신을 향한 주님의 뜻에 대한 생각들로 주님을 욕되게 하지 않아야 한다. 어떻게 방금 증명해 주신 것과 그분의 뜻이 조금이라도 다를 수 있겠는가? 주님의 접근 불가한 빛 안으로 들어와 앉은 여러분을 주께서 어떻게 잊으실 수 있겠는가?

휘장 속에서 여러분이 기도하고 반응하며, 중보하고 사역할 때, 주님의 눈처럼 이제 여러분의 눈도 그 땅을 이리저리 살핀다. 여러분의 삶은 여러분의 것이 아니다. 아들의 피 값으로 생명을 사신 주께 속한 것이다.

주님의 생명에 익숙해지고 주님의 시각으로 삶을 살아 갈수록, 여러분은 낯선 빈 자리를 발견하게 된다. 지성소는 아주 생동적이고 강력한 예배와 광휘로 가득하지만, 전통적인 영적 전쟁의 활동은 없는 것처럼 보인다. 이에 놀란 여러분은 확인을 위해 두리번거리지만, 이 곳엔 온통 거룩한 것뿐이다. 주님의 주 되심을 벗어난 것, 반역을 일으키는 것은 없다. 전쟁은 더 이상 없는 것이다. 전쟁이 일어날 이유가 없다. 왜냐하면 이 곳에는 영원하고 거룩한 조화가 있기 때문이다. 이 때 여러분은 또 하나의 새로운 비밀, 곧 영적 전쟁의 비밀을 발견하기 시작한다.

◀ 관련 성경 구절

히 10:19-22

사 42:6, 49:16

사 63:7

히 13:6

마 6:28-32

대하 32:8

고전 3:9

출 16:4

사 6:8

마 6:10

대하 16:9

고전 6:19하-20상

고전 7:23상

벧전 1:18-19

Secrets of the
Most Holy Place

5장
영적 전쟁의 비밀

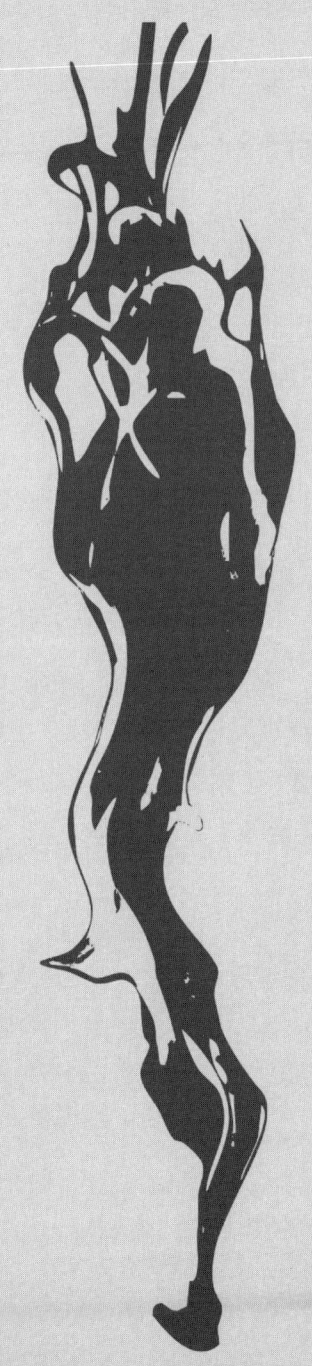

잠잠한 가운데 확신이 든다. 그렇다. 이것이 주님의 시각을 보고 배울 때 드는 느낌에 대한 최선의 표현이다. 아니, 어쩌면 '잠잠한 확신'은 조금 약한 표현일지도 모르겠다. 전적 신뢰에 가깝다고 하겠다.

누가 통제권을 가졌는지는 모두가 잘 알고 있다. 여러분이 아닌 것이다. 누가 보호하고, 덮어 주고 이끌어 주며, 명령을 내리시는지는 모두 알고 있다. 여기에는 소리치는 일도 없고 하나님의 군대 앞에 굴복해야 할, 난동 부리는 대적도 없다. 여러분은 주님의 영역 안에, 그 언약 안에 있고, 부정한 자는 다닐 수도 없고 어리석은 자들은 감히 발을 떼지도 못하는, 거룩한 대로로 다니고 있다.

여러분은 접근 불가한 그분의 빛에 휩싸여 있고, 사자나 흉악한 야수가 전혀 없는 그분의 왕권 안에 안전을 느낀다. 이 땅은 주님께서 구속하신 자들이 행하며 영원한 기쁨이 거하는 용천(湧泉)이 된 것이다. 지성소로 향해 가는 여러분은 이중성을 뒤로 한다. 육체는 휘장 안에서 통치권을 갖지 못하며, 대적들도 그 곳까지 여러분을 쫓아올 수 없다. 내면 깊은 곳에서 선지자의 음성이 들려온다. "예루살렘에 상냥하게 말하여라. 그리고 전쟁이 끝났음을 알려 주어라." 여러분은 예수의 십자가 승리를 완전한 총체로 보게 된다. 대적은 결정적이고 완전하게 패배한 것이다.

두 눈으로 부활하신 승리의 그리스도를 바라볼 때, 여러분은 자신의 보잘것없는 모습에 할 말을 잃는다. 끝나지 않은 건 아무것도 없다. 하나님께서는 전쟁 중이 아니심을 이해하기 시작한다. 주님께서 이미 승리하신 것이다. 하나님의 왕국을 위해 무지막지한 전쟁을 일으킬 때마다 즐겨 입었던 위엄 있는 갑옷과 밤의 어둠을 비추던 거대한 검이 떠오른다. 그리고 빛의 옷을 입은 뒤 처음으로, 그 기억을 인해 수치심을 느낀다. 주님의 길을 배우고 발견하며, 주님의 시각에 맞춰 생각과 행동이 재구성되는 동안, 여러분은 계속해서 이 감정을 느끼게 될 것이다.

더 이상 한정적 신학이나 인간의 전통에 얽매이지 않은 여러분은, 너무나 완전하고 능력으로나 사랑으로나 무결하며 무한한 영광의 언약을 보기 시작함으로써 심중 깊은 곳으로부터 전쟁의 종결을 깨닫는다. 다시 한번 환희와 감사의 눈물이 흐를 때, 여러분은 겸손히 승리를 주신 주님 앞에 무릎을 꿇고 경배 드린다.

문득 여러분 앞 바닥 위에 보이는 번쩍이는 검을 발견한다. 마지막 회개의 결단으로, 여러분은 한 손으로 손잡이를 잡고 다른 한 손으로는 돌을 들어, 그 검으로 보습을 만들기 시작한다. 돌이 금속에 부딪히는 소리가 날 때마다, 여러분의 결심은 더욱 굳어진다.

여러분은 전쟁의 도구였던 이 무기를 변형시키며 이미 끝난 일을 다시 행하지 않겠다고 쏟아져 내리는 눈물로 다짐한다. 여러분은 주님의 언약, 주님의 영역, 주님의 승리 안으로 들어온 것이다. 더 이상 여러분은 전쟁의 사람이 아니다. 파괴적인 무기는 필요 없다. 여러분에게는 자신과 가족들을 보호할 능력이 더 이상 필요 없는 것이다.

이 계시가 여러분의 가장 깊은 자아에까지 홍수처럼 밀려들 때, 여러분은 사망으로부터 생명을 심고 일으킬 도구, 제작 중인 새로운 도구를 발견한다. 자신의 손으로 직접 만든 이 새로운 도구를 가지고, 여러분은 풍성한 삶을 심고, 짓고, 회복하고 계신 주님의 일터로 진정 들어가는 것이다. 이제는 휘장 내부로부터 흘러 넘쳐 온 땅을 덮는 생명의 일부분이 된 것이다.

하나님께서 일어나시니 대적들은 산산이 흩어진다. 주님의 빛이 어둠을 몰아내 버린다. 악의 세력 앞에 소리치고 비명 지르는 여러분의 허약한 시도는 더 이상 의미가 없다. 사실, 의미를 가졌던 적도 없다. 여러분의 마음 깊은 곳에서 주님께서 빛이시므로 여러분이 빛에 거하면 가장 끈질긴 악의 세력으로부터 떨어질 수 있다는 소리를 듣는다. 주님께서 역사하셔야 한다. 여러분 안에, 그리고 교회 안에 역사하셔야 한다. 그 대상은 그렇다 해도, 역사하시는 것은 주님이셔야 한다.

이제 점점 더 이해가 명확해진다. 여러분이 귀신들을 꾸짖고, 화내며 내어쫓던 온갖 노력에도 불구하고 세상에는 큰 변화가 없었다. 마음의 변화만이 사람을 궁극적인 자유로 이끌어주고, 참된 회개가 인생에 새 언약의 역사를 일으키는 유일한 길임을 여러분은 항상 알고 있었다. 그럼에도 불구하고, 여러분은 외적인 것에 묶여, 마음의 문제들이 안에서 거칠게 난동 부리도록 내버려 두었다. 여러분이 자유를 선포하고 흠 없음을 말하며 번영을 주장했지만, 속사람은 변하지 않은 것이다. 그런데 외부적인 것들의 변화가 더 재미있는 것은, 그러한 '변형'은 즉각적 변화의 모양뿐이다.

여러분은 값비싼 오류를 범했다. 새 언약의 영광을 잊은 것이다. 진실된 회개가 있을 때에 일어나는 내적 변화는 완전하고 영구적이다. 대적은 빛에 매달릴 수 없다. 참된 회개가 있다면, 대적이 붙들 수 있는 것은 사라진다. 행동은 자연스럽게 안에서부터 변하기 시작한다. 밖으로부터가 아닌 마음으로부터 태도가 변화된다. 예수께서 항상 하나님 나라는 내면에서부터 말미암는다고 하신 말씀이 그런 이유다!

허비해 버린 시간과 새 언약의 역사를 부주의하게 무시해 온 철저한 불신앙 속에서, 여러분은 주께서 이미 이루신 일은 다시 하지 않겠다고 결단한다.

여러분은 전통적 전투 지대인 성소를 지나왔다. 이중성으로부터 멀리 지나왔다. 육신과 영의 공존에서 성령(Spirit)으로, 또 하나님과 사탄의 공존으로부터 하나님께로, 삶과 죽음의 공존에서 삶으로 나아왔다. 이제 다시 여러분은 전쟁을 일으키지 않을 것이다. 오직 생명의 씨앗을 심고, 하나님 아버지께서 하시는 일에 참예하게 될 것이다.

휘장 안에서 일하는 가운데 여러분은 대적이 다가오는 양 어깨 너머로 내다본다. 그러나 대적이 올 리는 없다. 그 때 또 현실을 깨닫는다. 전쟁은 끝난 것이다. 옛 이스라엘처럼, 여러분은 성령 안에서 주님의 거하실 곳을 짓는 것이다. 그렇지만 옛 이스라엘과는 다르게, 여러분에게는 한 손으로 건축하며 한 손으로는 무기를 들고 있을 이유가 없다. 양손, 여러분의 전 존재, 여러분의 온 마음이 건축에만 드려질 수 있다. 왜냐하면 전쟁이 끝났기 때문이다. 그렇기 때문에 이 건축물에는 땀의 흔적이 없다. 왜냐하면 이 건축은 하나님께서 시작하시고 진행하시고, 마무리하시기 때문이다. 여러분은 두려움에 위축되거나, 불확실성을 예감하며 미래를 바라볼 필요가 없다. 전쟁은 끝났다.

간음하다가 잡힌 여인처럼, 주님께서는 여러분을 휘장 속으로 모으셨다. 그리고 주님, 바로 여러분의 주님께서 여러분을 고소하는 자들을 권능으로 맞서신다. 분명히 여러분은 누구, 혹은 무엇이 여러분을 고소했었는가를 먼저 보려 할 것이다. 분명히 파렴치한 증오 혹은 복수의 결심으로 여러분을 욕할 누군가가 있을 것이다. 그런데 잠잠하기만 하다. 여러분은 여기 저기를 반복적으로 살핀다. 드디어 영원한 안도의 표정과 한숨, 기쁜 웃음소리로 여러분은 주께 돌아서서 말한다. "주님, 아무도 없네요."

그 때 주님의 승리의 음성이 영광의 가락으로 응창(應唱)해 온다. "나도 너를 정죄하지 않는다. 형제들을 고소하던 자가 쫓겨났기 때문이다. 죄책감과 수치심으로 너를 계속 괴롭혀 온 자가 침묵하게 되었다. 너는 이제 자유다." 여러분은 주께서 진정 무슨 말씀을 해오셨는지 이제 알아듣기 시작한다. "내 사랑하는 아들아, 전쟁은 끝났다."

◼ 관련 성경 구절

사 35:8, 40:2

시 98:1, 고전 15:57

사 2:4, 욜 3:10, 미 4:3

요 1:5

요일 1:7

눅 17:21

엡 2:22

느 4:17, 23

요 8:3-11

계 12:10

Secrets of the
Most Holy Place

6장
안식의 비밀

어떤 것도 결코 휘장 속의 삶을 대체할 수 없다! 어떤 것도 주님의 삶의 겸손케 만드는 투명함을 대신할 수 없다. 이 곳에서 여러분은 일은 덜할 것이나, 주님께만 더 귀를 기울이고 반응하게 되므로 능률은 100배나 증대될 것이다.

여러분은 목재와 건초, 그루터기가 아무 쓸데없다는 것을 깨닫고 있다. 이러한 인간의 노력들이, 주님의 충만한 생명 앞에 얼마나 황폐해 보이는지 믿을 수 없을 정도다. 여러분의 심장은 점점 벅차 오르고, 여러분은 소리 내어 다시 한번 왕께 서약한다.

"주님의 은혜로, 다시는 제가 주님의 일을 떠나 일하지 않겠습니다. 제 자신의 계획을 세우지도, 저만의 성이나 왕국을 세우지도 않겠습니다. 주님의 이름으로라도 말입니다. 이 모든 것을 내려놓고, 다시 짊어지지 않을 것을 서약 드립니다."

주님의 눈은 재빠르게 여러분의 육신적인 노력을 향한다. 찰나도 지나지 않아, 그것들은 연기가 되어 사라져 버린다. 놓아 버리는 고통이 실제로는 감히 자유로워질 수 있다는 상상도 못했던 삶의 영역이 해방되는 것임을 깨달은 여러분의 심장에는 전율이 느껴진다. 여러분이 낭비한 시간이 이제는 최상의 시간이 될 수 있다. 여러분이 낭비한 창의성이 이제는 주님의 영광을 위해 드려질 수 있다.

그러한 극도의 다망(多忙) 속에 보낸 시간들, 날들, 심지어 해들(years)이 떠올라 후회 속에 아파한다. 모든 게 하나님의 나라를 위한 것이었기 때문이다! 잠시 동안, 항의하고 싶은 생각이 든다. 한순간, 용감했던 여러분과 친구들의 노력을 옹호하고 싶은 마음이 든다. 주님께 스스로 열심히 일했고, 그 덕에 교회 안에 머물렀으며 타락하지 않을 수 있었다고 말하고 싶은 마음이 간절하다. 성경 공부와 주일 학교 프로젝트, 또 기타 회의들이 왜 그렇게 중요하다고 생각했는지 변론하고 싶다. 이 모든 걸 설명하고 싶지만, 여러분에게는… 결코 기회가 없다.

바로 그 때, 주님께서는 여러분의 노력들이 방금 소용돌이치는 한 줌 연기처럼 사라져 버렸음을 상기시켜 주신다. 생각을 멈춘다. 그렇게 사로잡혀야 했다는 평계를 찾을 수 없기 때문이다. 너무나 빡빡해서, 주님은 물론 가족들과 보낼 시간도 없을 정도의 스케줄에 대한 변명거리가 없다. 그러나 이제는 주님의 안식으로 들어왔다. 휘장 안으로 발을 내디딘 것이다. 주님의 역사 안으로 들어왔고, 여러분이 하는 일이 그 자체의 당위성과 가능성만큼이나 절대적으로 효율적이라는 것을 아는 만족감과 성취감은 비할 데 없을 만큼 최고다.

여러분은 이제 더 이상 일 자체를 위해서나, 주님의 인정이나 호의를 얻기 위해서 일할 필요가 없다. 이미 주님의 은혜를 얻었고, 그 피로 인정을 받았다. 이제 주님께서 하시는 말씀만 따르면 된다. 다른 모든 것은 불태워질 것이다.

여러분은 태어나서 처음으로 든든한 확신을 갖게 된다. 스스로가 그분 안에 있으며, 주님의 뜻대로 행하고 있음을 아는 것이다. 다른 이들의 생각에 대한 눈치도 사라져 버린다. 그들에게 상처를 주고 싶지는 않지만, 어떻게 그들을 위해 여러분 자신의 순례를 중단하겠는가? 여러분은 오만한 것도, 교만한 것도 아니다. 마음을 점검해 보라! 그러한 충만함으로 하나님을 섬긴다면 느낌이 어떻겠는가? 다른 이들보다 스스로 낫다는 느낌인가? 여러분이 갖게 된 것을 스스로 얻었다거나, 받을 자격이 있었다는 생각을 하는가? 그럴 수 없다! 이 질문들은 철저히 부정된다!

주님의 터에서, 주님의 명령 하에 일할 수 있다는 특권에 여러분은 무너져 내린다. 모든 이들이 너무나 열심히 일하는 것 같아 마음이 슬퍼진다. 주님의 멍에는 쉽고, 그 짐은 가볍다. 주님께서는 그분의 섬김으로 우리에게 주신 각각의 책임을 적절하게 돌볼 시간을 허락해 주신다. 우리가 목재와 건초, 그루터기로 계획을 세워 나가는 건 소용이 없다. 이러한 육신의 형식 가운데 있을 때 우리에게 주시는 유일한 지침은, 하던 일을 멈추고 주님의 음성을 들으라는 것이다.

인류의 세계를 바라볼 때, 여러분은 교회가 거의 불타 버릴 것들을 세워 나가고 있는 모습에 슬퍼진다. 아버지의 음성은 거의 듣지도 않은 채, 미친 듯한 속도로 그루터기 짓는 일에 열을 올리는 듯하다. "저들이 멈추는 날이 올까요?" 주님께 여쭤 본다. "저들이 주님의 온유한 부르심을 듣고 저 요란한 행위를 그치는 일이 있을까요? 자신들에게 주어진 요구와 의무의 둑에 맞설 수 있는 날이 올까요?"

갈망과 기대의 한숨을 내쉰 여러분은, 내면 깊이로부터 주님께서 말씀하시는 것을 듣는다.

"깊음이 깊음을 부른다. 그들은 나와 같이 느낀다. 내가 그들을 바라듯 자신들이 내면으로부터 나를 갈망하는 것을 감지한다. 그러나 반응하지 않고 있는 것이다. 어떤 이들은 내 음성을 듣지 못한다고 스스로를 설득했다. 또 어떤 이들은 스스로 나를 무시하고 있음에 두려움을 느낀다. 그러나 내적 갈망을 덮어 두려 끊임없이 애를 쓸 이들도 있다. 하지만 나는 그들의 일보다 크다. 그들이 내 일에 참예할 때에만 그 내적 갈망이 충족될 것이다. 왜냐하면 내 일만이 나의 진동을 견딜 수 있기 때문이다. 내 일만이 영원하다."

"나는 그들의 두려움보다 거짓 핑계보다 크다. 나는 그들에게서 내 마음을 거두지 않을 것이다. 어찌 어미가 젖먹이 아이를 잊겠느냐? 그럴 수 없다. 나는 그들 마음의 통증이 모든 저항을 이겨낼 때까지 계속 그들을 부를 것이다. 이끌림을 받아, 내게까지 올라 올 이들을 위한 비밀이 내게 있다."

눈물이 그렁그렁한 눈으로, 여러분은 스스로의 저항했던 과거, 그리고 온갖 핑계의 목록들을 떠올린다. 주님께서는 여러분을 부르실 필요가 없었고, 주님께서는 홀로 자족하신 분이심을 아는 지식 앞에 여러분의 마음은 깨어진다. 여러분께 다가오실 이유도, 여러분을 인내하실 이유도 없었다. 그러나 그분과의 영원한 관계를 위해 모든 것을 버릴 때까지, 주님께서는 여러분을 인해 계속 분투하셨다.

바쁜 것이 주님께 영광이 되는 것도 아니고, 지친 것이 영성의 상징도 아니다. 실상 오히려 반대의 경우가 진리에 가까울 것이다. 주님께서 여러분의 필요를 아신다. 여러분이 사랑받기에 무엇이 필요한지를 아신다. 주님께서 여러분을 사랑하실 수 없는가? 돌볼 의지가 없으신가? 여러분은 주님의 왕국을 구하며 시간을 보내야 하는 것 아닌가? 결국 이 모든 것이 여러분에게 더해질 것이다. 왜 그런가? 그저 여러분을 사랑하시기 때문이다. 탈진할 때까지 여러분이 수고했기 때문이 아닌 것이다.

"내 사랑하는 자야, 이리 오너라! 아버지 팔에 안겨 쉬는 기쁨을 맛보라."

◆ 관련 성경 구절

고전 3:12-15

마 11:30

사 49:15

마 6:33

Secrets of the
Most Holy Place

7장
주님의 영광의 비밀

하루는 물처럼 흐르고, 일주일도 쏜살같이 지나간다. 휘장을 통과했고, 이제는 그분의 임재에서 떠날 일이 없다는 부동의 지식은 여러분의 내면 깊이 존재한다. 여러분은 주님과 함께 거하는 것이다. 어떤 때에만 그분을 주인 삼는 것이 아니라, 영원히 여러분의 뜻을 주님께 내려놓은 것이다. 하루가 얼마나 힘들든지, 주님의 성령은 계속해서 여러분과 동행하신다. 여러분은 휘장 안에, 자아가 아닌 주님 안에 있다. 내적 변화는 거의 몸으로 느껴질 정도다. 주님의 능력이 이제 여러분의 속사람 가운데 자유로이 역사하고 계시며, 여러분이 주님을 닮아 가고 있음을 인식한다.

여러분은 얼마나 작아지는가! 얼마나 무가치하게 보이는가! 여러분의 연약을 초월해 부드럽게 품 안에 안아 주시는 영원한 사랑의 크기를 어떻게 이해할 수 있겠는가? 여러분은 그럴 자격이 없다. 그것을 얻어 낼 능력도 없다. 그런데, 얼마나 좋은가! 세상의 어떤 금은과도 바꾸려 하지 않을 것이다! 여러분은 주님께 굴복했고, 이제 새 언약의 충만함이 안에서부터 역사하고 있다. 흐릿했던 개념들이 이제 또렷해진다. 혼란스러웠던 것들이 서로 연계되어 간다. 영적 진리는 항상 애매하게만 보였는데, 이제는 형체가 보인다.

'영광'은 지금껏 도무지 이해할 수 없던 개념 중 하나였다.

'영광'에 대한 심오한 신학적 정의들을 무수히 많이 연구해 봤지만, 그 의미가 전혀 와 닿지 않는 듯했다. 이른 새벽에 굽이치는 크고 흰 구름을 말하는 건가? 밤의 어둠 속 말 없는 천사 군단이 지구 위에 흩뿌리는 '요정 꽃가루'의 영적 형태인가? 그게 무엇이었든, 여러분은 영광이 실제적인 것이라는 생각은 해본 적이 없다. 실제적이지 못할 뿐 아니라, 그것이 이 땅에 나타나도록 하는 사명을 여러분에게 주는 체험일 것은 꿈꿀 수 없었다.

지구 전역에 하나님의 사람들이 보이기 시작한다. 그들은 전도와 간증으로 예수의 주 되심을 증명하고 있다. 이들은 진정 사랑을 하는 사람들이다. 하나님 아버지의 음성을 듣고 내 주해 계신 그분의 생명에 반응하는 이들이다. 그중에는 기도하는 이들도 있고, 가난한 자를 먹이는 이들도 있고, 말씀을 전하는 이들도 있으며 집 나간 아이들을 돌보는 이들도 있다. 또 성경 공부를 인도하기도 하고, 무료 급식을 하기도 한다. 병자들을 위해 기도하는 이들도 있고, 10대 미혼모들을 돌보는 이들도 있다. 아무도 자신의 뜻을 이루려 하지 않고 있다. 오직 하나님께서 시키신 일을 할 뿐이다. 그들의 일이 헛되지 않은 것은, 휘장 안에서 시작된 일은 사역자들의 마음부터 풍성하게 하는 생명을 낳기 때문이다. 그들의 삶은 지상의 영역을 뛰어넘는 빛으로 빛난다.

"오, 얼마나 놀라운가요!" 너무나 많은 변화에 여러분은 경탄을 금치 못한다. "너는 지금 내 영광의 역사를 보고 있는 것이다." 주님께서 마음에 말씀하신다. "내 영광은 메시아 예수께서 주이심을 확증하는 것이다."

영광이 한 측면으로부터 다른 면으로 변화되며, 변형되고 있음을 떠올리니, 이해가 되기 시작한다. 영광은 그저 하나님의 '확증시키는 광채'다. 세상으로 하여금 하나님의 살아 계심을 확증시켜 준다. 주님의 영광은 여러분을 채우고, 또 이 땅을 가득 채운다. 주께서 영적인 주전자로부터 '영광'이라 칭해지는, 뭔가 형이상학적인 분비물을 부으시는 게 아니다! 그러한 별세계적인 것은 존재하지 않는다. 그것이 초속(超俗)적인 이유는, 물질적인 인간을 영적인 하나님께로 향하게 해주기 때문이다. 인간의 마음을 스스로의 문제들 및 그로 말미암는 최후로부터 긍휼과 사랑이 풍성하신 하나님의 놀라운 능력으로 즉시 이동시킨 결과가 영광이다.

주님의 '확증시키는 광채'로 충만한 여러분을 통해 모든 일이 일어난다. 여러분이라는 등불을 통해 하나님의 기름 부음을 받으신 예수가 드러나, 땅의 사방으로 빛이 전해진다. 여러분은 옛 선지자들이 전한 말씀의 부분적 성취이다.

"내가 살아 있는 한, 물이 바다를 덮음 같이 온 땅이 주의 영광으로 가득할 것이다."

여러분은 다른 이들이 실제로 얼마나 여러분을 바라보는지 깨닫기 시작한다! 어려운 상황 중에라도 평안과 환희로 빛을 발할 때, 여러분은 세상에 예수의 주 되심을 증거하는 것이다. 다른 사람들이 여러분의 삶 가운데 긍휼과 자비가 자라 가는 것을 보면, 그들은 예수를 발견한다. 여러분의 행동과 언어가 완전히 변화되는 것을 보면, 그들은 주님의 능력을 확신하게 된다. 여러분이 난생 처음으로 한 가지 일을 유지할 수 있을 때, 배우자를 진정 사랑하고 존중하게 될 때, 여러분의 소유에 만족하며 가난한 자들과 나누기를 기뻐할 때, 그들은 여러분 안에 있는 주님의 '확증시키는 광채'를 본다. 여러분 안에 있는 그것을 갖기 원하게 되는 것이다.

놀라움에 고개를 젓는다. 주님께서는 끊임없이 여러분을 놀라게 해 주신다! 온 땅이 주님의 '확증시키는 광채'로 충만해질 것이다. 하나님의 '확증시키는 광채' 앞에 모두가 무릎을 꿇고, 모두가 메시아 예수의 주 되심을 고백할 것이다. 세상이 주님의 영광을 볼 때, 그것이 메시아 예수를 보는 것이다. 세상이 메시아 예수를 보는 것은, '확증시키는 광채'가 여러분에게서 발산되고 있기 때문이다.

주님의 영광스런 뜻이 여러분 안에 이뤄질 때, 사람들은 여러분의 주인 되신 예수를 보고 회개할 것이다. 불신자들이 주님에 대한 여러분의 무욕적이고 사랑 가득한 순종을 보고, 여러분 안에 가시적으로, 현저하게 임하는 주님의 통치의 결과들을 바라볼 때, 그들은 동일한 변화를 원할 것이다. 사람들은 지속적 결과가 거의 없는 여러분의 이야기를 하루 종일 들어 줄 수도 있다. 여러분이 쓰는 별 효과 없는 책을 읽어 줄 수도 있다. 수년 동안 여러분의 설교를 들어 줄 수도 있지만, 예수로 주인 삼은 여러분의 삶의 풍성한 변화만큼 영향력이 있을 리는 없다.

세상은 실재를 갈구한다. 이제 여러분은 그것을 알 것이다. 세상은 의미 있는 것을 안타깝게 찾아 헤매고 있다. '교회' 안에서도 배고픔은 이제 기근의 수준에 이르렀다. 하나님의 백성들이 처참한 곤경에 빠져 있는 것이다. 아기가 태어나려 하는데, 밀어 낼 힘이 없다. 재난과 힐책의 날이다. 땅의 이쪽 끝으로부터 저쪽 끝으로, 많은 말씀이 선포되고 있다. 엄청난 분량의 말씀이 기록되고 있다.

그러나 사람들은 부족을 느낀다. 생명의 말씀을 고대하며 허덕이고 있다. 생명의 복음, 하나님의 왕국의 복음을 듣고자 기다리고 있다. 주님께서는 죽은 자의 하나님이 아니요 산 자의 하나님이시라고 예수께서 말씀하셨다. 실재만이 심판 아래 놓인 세상과 파산한 교회의 유일한 소망이다. 상처받은 사람들의 마음 깊은 곳에서 영원의 역사를 일으키시는, 살아 계신 하나님이 생명의 복음이요 천국의 복음이다.

오늘날, 하나님께서 살아 계시다는 것을 설명해 줘야 할 필요가 있는 사람들은 흔치 않다. 그러나 그분께서 여러분 안에 계시다는 것이다! 여러분의 영이 그분을 향해 불타고 있다. 여러분의 심장은 주님의 영광으로 충만하다. 여러분의 생명은 '확증시키는 광채'로 가득 찼다. 여러분 안에는 역전시킬 수 없는 모든 것을 단번에 역전시킬 열쇠가 있다.

여러분은 주님 앞에 숨을 죽이고 선다. 상상할 수 없던 일이다! 여러분의 운명이 어떤 것인지 전혀 몰랐다. 손을 가슴에 대고 세차게 밀어 본다. 변화를 일으킬 수 있다고 믿고 싶다. 열쇠를 쥐고 있다고 믿고 싶다. 그런데 왜인지 포기가 되지 않는다.

불현듯 과거 수년 동안 걸어 온 여정을 주께서 여러분 앞에 보여 주기 시작하신다. 항상 바라 왔던 것이 지금 눈앞에 있지만, 지금 이 순간까지는 전혀 알지 못했다. 여러분 삶의 모든 사건들 가운데, 좋은 일이든 나쁜 일이든, 하나님께서 긴밀하게 관여하고 계셨던 것이다. 주님께서는 그저 거기 계셨던 것만이 아니라, 여러분을 변화시키고 준비시키고, 회개로 이끌며 주님께서 여러분을 보시듯 스스로 자신을 볼 수 있도록 바꾸고 계셨던 것이다. 여러분은 스스로가 하나님의 영광, 곧 '확증시키는 광채'로 충만한 자가 되었음을 바라본다. 완벽한 모습일까? 그렇지는 않다. 그러면 용서를 받았는가? 그렇다. 죄의식으로부터 자유로운가? 물론이다. 주님의 형상을 닮는가? 매일매일 변화되고 있다.

여러분 안에 일어나고 있는 일은 실제이기 때문에, 많은 이들이 여러분에게 이끌릴 것이다. 역겨운 종교적 용어들을 쓸 필요도, 영적으로 보이려거나 거룩한 척, 의로운 척을 할 필요가 없다. 그런 무익한 짓을 하지 않아도, 주님의 영광이 여러분을 통해 빛나는 것이다. 사실, 다른 이들을 설득하려는 그러한 육적인 시도는 역효과만 나고 빛이 나야 할 것을 더 어렵게 할 뿐이다.

주께서는 이미 여러분 안에 선한 일을 시작하셨다. "여러분은 선을 위해 메시아 예수 안에서 지어진 주님의 작품입니다." "세상 안에 있는 자보다 여러분 안에 계신 분께서 크십니다." 여러분은 연기를 할 필요가 없다. 뭔가를 꾸미거나, 억지로 만들어 낼 필요가 없다. 여러분이 해야 할 일은 그저 여러분을 전적으로 주께 맡기는 것이다. 이것이 진짜다. 이것이 '확증시키는 광채'다. 이것은 휘장 안에서 시작된다. 이것이 주님의 영광이며, 오로지 주님의 영광만이 세상을 변화시킬 수 있다.

◆ 관련 성경 구절

고후 3:18

합 2:14

빌 2:10-11

사 37:3

마 22:32, 막 12:27, 눅 20:38

롬 8:29

엡 2:10

요일 4:4

Secrets of the
Most Holy Place

8장
완성의 비밀

우리는 모든 순간에 하나님의 방법에 대한 새로운 통찰력을 얻는다. 여러분이 주님의 집 안 주님의 특별석에 앉아 있기 때문에, 어디든 둘러보고 주님의 성품을 배울 수 있다. 어디를 봐도 여러분의 사고와 신학 속에 오판이 있었음이 뚜렷이 나타난다. 이것이 조금 고통스럽기는 하지만, 진리를 안다는 짜릿함과 그 진리로 자유로워진다는 역사는 그 무엇보다 가치 있다. 새로운 사실을 깨달을 때마다, 여러분은 주님을 더욱 충만하게 체험하며, 전례 없는 수준의 만족감이 있는 그분과의 교제를 즐기는 것이다.

　　여러분은 이스라엘이 애굽의 종으로 있었을 때에 하나님께서 그들을 택하셨음을 깨닫기 시작한다. 이것에 대해 곰곰이 생각한다. 하나님의 선민은 구속과 속박 아래 있었다. 하나님의 특별한 소유였음에도 말이다. 그러나 선택받은 그들의 신분이 '구원'의 신분을 보장해 주지는 않았다. 애굽에 있을 때, 그들은 자신들을 선택하신 주님의 이름조차 몰랐다. 모세가 광야에서 40년을 보내고 떨기나무에서 하나님을 뵌 후에도, 하나님께 이름을 여쭤봐야 했다. 애굽에서 이스라엘이 안 것은 고통과 억압뿐이었다. 그들에게는 영적 통찰력도, 아버지와의 교제도 없었다.

　　이 새로운 통찰력으로 보면, 애굽에서 약속의 땅까지 향한 이스라엘의 여정이 실상 여러분 자신이 지성소까지 나아가는 여정과 같음을 알 수 있다. 애굽은 여러분의 최초 회심과 같이 바깥 뜰의 상징이었다. 거기서 여러분은 영적 놋대야, 곧 예수의 보혈로 씻김을 받았다. 여러분의 일은 쉼 없이 지속됐다. 애굽의 구속 아래, 아침부터 밤까지 벽돌 굽는 것 외에는 아는 게 없었던 옛 이스라엘 백성들처럼, 여러분은 하나님을 전혀 알지 못했다.

그러나 하나님께서 애굽에 구원자를 보내셨다. 신실한 종 모세는 하나님의 백성을 애굽에서 데리고 나와 광야로 들어갔다. 백성들은 여기서 하나님을 알기 시작했다. 그러나 광야는 혼합의 장소였다. 육과 영이 서로 다투는 장소였다. 하나님께서는 그곳에서 그분의 백성에게 자신을 드러내기 시작하셨다. 이것은 인간의 촛대가 성령의 기름으로 불타서, 빛을 내는 성소의 상징이었다. 광야는 영적 개입의 장소였지만, 이스라엘 백성 개인들에게 초자연적 회심은 없었다.

여러분에게 그 곳은 인류가 '어두운 거울을 통해 바라보는' 부분적인 장소였다.

얼마나 여러분과 연관성이 있는가! 여러분에게 답을 기대하는 수많은 사람들에게 답을 주지 못하는 좌절감을 너무나 잘 알지 않는가? 여러분은 기억한다. 아픔과 슬픔 속에 기도하고 또 기도했지만, 주님께서 들으셨다는 확신이 없었던 때가 있었다. 이제 그 때가 지나갔고 여러분의 마음에 새 아침이 밝았다는 생각에, 심장이 감사로 부풀어 오르는 듯하다.

성소는 또한 인간이 육신의 타락한 탐욕을 발견하는 곳이다. 왜냐하면 인간에게는 결코 만족이 없기 때문이다. 아버지께서 광야에서 무엇을 주셨든지, 불평과 군소리, 불신은 곧장 따라오게 돼 있었다. 광야의 삶은 설레는 경험이 아니었다. 하나님께서는 이스라엘이나 여러분이나 그 곳에 살도록 의도하시지 않았다. 하나님의 뜻은, 여러분이 이 지경을 통과해 그분의 충만한 공급으로 오게 하시려는 것이었다.

그럼에도 불구하고 불신 가득한 인간은 광야에서 겨우 약속의 땅으로 향해 간다는 생각만 가지고 생존할 방도를 찾아냈지만, 여전히 애굽으로 돌아가고 싶은 마음이었다. 물리적이고 외면적인 속박은 사라졌지만, 이스라엘 백성들은 여전히 내면이 구속돼 있었다. 그들은 무엇이든 순간적인 만족을 주는 것이면 손을 뻗으려 했다. 기적은 왔다가도 지나갔다. 불기둥과 구름 기둥이 진(陣) 안에 불탔지만, 그들의 마음까지 들어오지 못했다. 연속적으로 주어진 만나, 메추리, 그리고 바위는 그들의 외면(外面)을 위한 것이었다. 하지만 속사람은 계속 연합을 갈망하고 있었다. 하나님의 영이 계속 그들을 인도하며 그들이 안식처, 약속의 땅, 지성소에 이르기까지 그 마음속에 역사했다.

여기에 비밀이 있는 것이다. 이것이 혼합의 끝이요 주님의 충만함의 시작이다. 믿는 자는 누구든지 안식으로 들어간다. 장중한 확신이 드는 것은, 강하다고 부하다고, 재능이 있다고 주님의 안식에 들어가는 것이 아니라, 믿는 자가 들어간다는 사실이다. 외부적인 것은 휘장 속에 들어가 하나님과 교제를 쌓는 데에 아무런 가치가 없다.

이제 여러분의 피난처는 하늘 위가 아닌, 휘장 안에 있음을 알게 됐다. 안식은 하늘에서만 주어지는 것이 아니라, 바로 지금 유효한 것이다. 휘장 안에서는 땀을 흘릴 필요도, 이미 여러분의 것인 것들을 얻으려 애쓸 필요도 없다. 왜냐하면 여러분은 보이는 그대로의 것들을 보고, 이해되는 그대로의 것들을 이해하기 때문이다. 계속해서 주님께 내려놓으며, 여러분은 성령에 의해 지금껏 도무지 상상할 수 없었던 기독교 신앙의 영역으로 들어가게 된다. 이것은 기적적인 일의 화려한 외부 장식이 아닐 것이다. 개인적 왕국 건축이라는 인간 중심적 복음이 아닐 것이다. 한 모임이나 무리, 단체로 들어가는 것이 아닐 것이다.

주님의 빛만이 비추는 휘장 속에서는 예수께로 모여들 것이다. 성도들은 사상 최고로 견실한 내적 능력과 확신 가운데 행할 것이다. 주님의 이름이 진정 여러분의 이마에 쓰였고, 주님의 법이 진정 여러분의 마음에 새겨졌음을 깨닫는다.

안식일도 지성소의 한 양식이다. 그 성취는 어떤 날이 아닌, 삶의 조건이다. 성도들이 모이는 것은 어느 날이어도 상관없다. 만나기만 하면 된다. 안식일은 특별하고 거룩한데, 그것은 어떤 날이기 때문이 아니라 여러분과 예수의 관계를 형상화해 주기 때문이다. 신뢰와 안정의 관계인 것이다.

여러분은 주님을 위해 구별되었다. 여러분은 주님의 보혈을 인해 그분께 기쁨이 되는 것이며, 스스로 기쁨을 드릴 수 있는 것은 하나도 없다. 여러분의 투쟁은 끝났다. 사랑하는 그분께 용납되었다. 여러분은 의식적으로 모든 투쟁을 끝내고 있다. 이것이 여러분의 믿음을 주님께 보이는 가장 강력한 증거라는 것을 이해한다. 여러분은 늘 용납과 인정이 도무지 알 수 없는 것이라 생각했지만, 육신의 지배를 받는 것에 대한 여러분의 기준은(인간적 기준으로) 단호하고 심지어 무자비한 수준이라, 주님의 보혈로 충분함을 증거한다.

이제 주님을 섬기는 일이 놀랍고 새로운 빛으로 보이기 시작한다. 그 섬김은 무엇을 얻거나, 따거나 받아 내기 위함이 아니다. 여러분의 섬김은, 이미 얻은 이유에서 말미암는다. 여러분의 일은 예수와의 관계의 결과지 관계를 얻어 내기 위한 수단이 아니다. 영생을 위한 도구가 아니다. 오히려 여러분이 영생을 소유했기 때문에 기쁜 마음으로 그분의 일에 참예하는 것이다.

여러분은 방금 기념할 만한 비밀을 찾아 냈다. 완성은 태도가 아니다. 완성은 관계다. 완성은 여러분의 행동 양식으로 측정되는 것이 아니라, 관계–살아 계신 메시아 주 예수와의 개인적이고, 계속 이어지는 교제–로 측정되는 것이다. 관계로부터 완성이 흘러나올 때, 여러분이 사랑하는 그분을 기쁘시게 하고자 하는 자유로운 갈망이 나타난다. 여러분의 마음은 사랑에 반응하려는 기대와 함께 솟아오른다. 범죄에 대한 두려움과 초라한 자아상은 희미해져 가고, 여러분은 새로 시작된 교제 가운데 성숙해 간다.

견고한 관계 외에 결혼 생활을 튼튼히 유지해 주는 것이 무엇이 있는가? 남편과 아내의 태도를 결정하는 것이 서로를 기쁘게 하고자 하는 열망 외에 무엇이 있겠는가? 이러한 사랑의 관계에서 누가 떨어질 걱정을 하는가? 누가 하지 말아야 할 일을 우려하는가? 사랑은 동기를 부여해 준다. 사랑은 창조적이다. 사랑은 이미 존재하는 사랑의 강도를 높여 주는 방식으로 스스로를 나타낸다.

사랑은 사랑스러운 행동을 낳는다. 사랑스러운 행동은 더 큰 사랑을 낳는다. 이러한 선(善)순환이 반복된다. 여기서 무너질 시간이 어디 있는가? 엇나갈 시간이 어디 있는가? 분명히 사람은 사랑 안에서 완성된다. 진실된 사랑의 관계는 행동을 더 높은 차원의 표현으로 이끄는 것 같다. 이러한 표현은 더 이상 해야 할 일과 하지 말아야 할 일의 목록에 근거하지 않는다. 윤리 규범이나 도덕법에 기초한 것이 아니다. 사랑은 여러분들이 그 지경을 뛰어넘게 한다. 법은 더 이상 여러분을 제한하지 못한다. 왜냐하면 여러분의 사랑이 여러분을 강제하고, 동기를 주고 격려해 주기 때문이다.

　이 관계를 떠난 여러분의 삶은 율법주의적 구속으로 전락한다. 사랑을 고무시키고 창조해, 가져다 줄 수 있는 사랑이 없는 것이다. 관계가 없을 때, 여러분은 주님을 기쁘시게 하는 것이 무엇인지 전혀 알 수 없고, 여러분의 영과 더불어 여러분이 주님의 아들임을 증거하시는 성령을 체험할 수 없다. 이로써 여러분의 삶은 너무나 공허해져서, 죄책감과 주님의 인정을 받으려는 육체적 시도가 여러분의 삶에 만연케 된다. 여러분이 일하고 있는 것이다. 선한 사람이 되어 천국에 가려 애쓰는 것이다. 계속적으로 여러분은 주님의 호의를 얻을 수 있는 무언가를 해내려 한다. 전도지를 더 많이 뿌리고, 성가대에 들어가고 기도도 더 하고, 성경 암송도 더 하는 등 애를 쓴다.

그러나 관계가 없기 때문에, 늘 하나님의 기준에서 떨어지는 듯한 느낌이다. 이 모든 것을 전적인 기쁨과 환희로 감당하는 것이 아니라, 하나님의 인정을 얻기 위한, 진저리 나는 절망적 행위가 된다. 여러분은 이미 예수의 보혈로 인정을 받았음에도 말이다.

이러한 시작점에서 출발하면, 목적지는 도달 불가능해진다. 완벽해져라. 완벽은 결코 동기나 저변의 문제가 아니다. 왜냐하면 무조건적 사랑은 스스로 완성될 수 없는 인류에게 그토록 높은 기준을 들이 대지 않기 때문이다.

여러분의 유일한 소망은 메시아께 다가가는 것이다. 여러분의 유일한 소망은 복음을 믿고, 친히 여러분의 구속을 위해 목숨을 내어 주신 그분과 한량 없는 사랑에 빠지는 것이다. 왜냐하면 관계가 중심에 서면, 진정한 완성은 멀지 않았기 때문이다.

관련 성경 구절

롬 8:32
출 3:13, 1:14
고전 13:12상
출 13:21-22

히 4:2-3

계 14:1, 3:12

렘 31:33, 히 8:10

엡 1:6

롬 8:16

Secrets of the
Most Holy Place

9장
우리 유업의 비밀

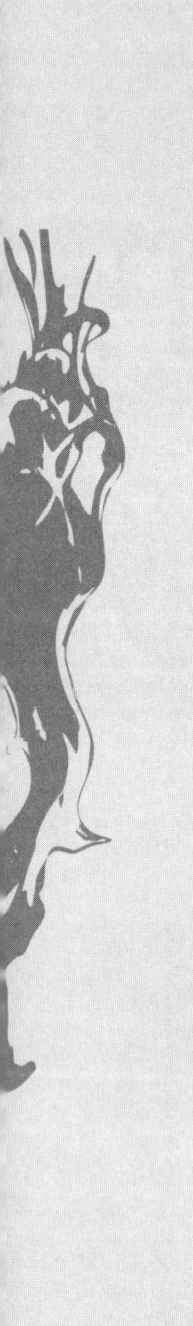

여러분이 실제로 결혼은 하지 않고 결혼 생활을 하게 된다면 얼마나 오래 만족할 수 있으리라 생각하는가?

꽤나 이상한 질문이다. 그렇지 않은가? 그렇지만 주께서는 분명히 이렇게 극도로 별난 질문에 답하기를 요구하고 계신다. 여러분의 생각은 자신의 실제 약혼으로 연결된다. 그 기대라는 것은 정말 짜릿했다! 너무나 간절히 사랑하는 사람과 곧 결혼하기를 기다리는 그 때의 느낌은 결코 잊을 수 없을 것이다. "그런데 결혼식 날을 전혀 알지 못하고, 아니면 심지어 실제로 다가오지도 않는다면 그 흥분이 얼마나 오래 갈 것 같니?" 주께서 끼어들어 하시는 질문이다.

망설이며 답을 시작한다. "제 생각에는 얼마간이 지나면 좀 지칠 것 같아요. 결국, 약혼을 위해서 약혼을 하는 게 아니니까요. 결혼하려고 약혼하는 거잖아요. 약혼은 결혼식이 이뤄질 때까지의 일시적 조건에 불과하잖아요."

먼 곳에서 온 변호사가 여러분의 집을 찾는다. 그는 깜짝 놀랄 사명을 갖고 왔다. 여러분의 종조부께서 돌아가셨다는 것이다. 그분께서는 마지막 유언으로, 굉장히 큰 땅을 여러분에게 남겨주고 가셨다. 멀리서 온 이 손님은 여러분이 이해할 수 있을 정도의 법적 절차 등 세부 사항을 설명한다. 그리고 마침내, 그는 유산이 여러분에게 전달될 것이라고 확신시켜 준다.

믿기지 않는 충격에 어쩔 줄 모르다가, 여러분은 믿을 것인가 말 것인가 결정을 하려 한다. 그는 충분히 진지해 보인다. 사실인 것 같다. 종조부께서 먼 곳 어딘가에 사셨다는 얘기를 들어 본 것 같다.

바로 장난꾸러기처럼 이 변호사를 보내드리려 하는데, 그가 자신의 가방에서 가죽 주머니를 꺼낸다. 가방을 열며 그는 계약금에 해당되는 이 작은 정표만 있으면 나머지는 저절로 진행된다고 확언했다. 주머니가 열리며 쿵 하는 소리와 함께 내용물이 떨어졌다.

지금껏 보지 못했을 정도로 놀라운 액수의 돈이었다. 여러분은 지폐 한 장을 집어 들고 스스로에게 말한다. "지폐를 이렇게 크게 만드는 줄 몰랐네요." 변호사는 여러분에게 카드 한 장을 주며 밖으로 나가고, 여러분은 앞에 놓인 무지막지한 부 앞에 할 말을 잃는다. 변호사는 다시 문을 열고, 머리를 들이 밀더니 말한다. "기억하세요. 이게 유일한 보증금이고 이걸로 계약이 성사되는 거예요. 유산 전체가 따라 올 것입니다."

■ ■ ■

　젊은 약혼녀는 빛이 난다. 기쁨으로 가득 차 있다. 10대 같이 까불거리며 모든 친구들에게 연락을 한다. 모두에게 반지를 보여 주고 싶은 것이다! 너무나 예쁜 반지다. 이 아가씨의 얼굴에서 나는 빛과 광채를 겨룰 만한 반지인 것이다. "너무 아름답지 않니?" 반지를 낀 왼손을 높이 들어 모두에게 보이며 자랑스레 소리친다. 사람들은 그녀에게 미소를 건네며, 대체 신랑이 누구인지 너무나 궁금해한다. 그녀는 참 오랫동안 기다려 왔다. 이제 약속을 받은 것이다! 부부가 되는 것이다!
　그녀의 마음에 있는 설렘과 사모함이 그토록 진실된 것이 아니었다면, 사람들이 그녀의 모든 행동을 거슬리게 봤을지 모른다. 결국 여러분이 반지 하나를 몇 번이나 바라볼 수 있는가? 태양이 그 위에 비칠 수 있는 방법은 몇 가지인가? 그러한 사건은 일생에 한 번밖에 없으므로, 그녀의 친구들은 그 기쁨을 만끽하도록 내버려 둔다.

■ ■ ■

　여러분은 이 변호사가 무슨 일을 한 건지 여전히 믿을 수 없다! 여러분이 앉은 주위에는 평생 보아 온 것보다 많은 돈, 아니 상상해 보았던 것보다 훨씬 많은 액수가 펼쳐져 있다. 분명히 살아 오는 동안 생각했던 것보다 많은 돈이 여러분의 것이 된다는 것이다. 너무나 흥분한 여러분은 가족들과 친구들에게 이야기를 시작한다. "너무 놀랍지 않아?" 믿기지가 않아 숨이 가쁘다. 친구들도 함께 기뻐해 준다! 그들은 여러분을 아주 잘 알기 때문이다. 지금껏 얼마나 열심히 일해 왔는지 아는 것이다. 그러니 그러한 행운을 이야기하면서 조금 성가시게 하면 어떤가? 결국 아무나, 매일 그토록 놀라운 유업을 받는 것은 아니다. 여러분의 친구들은 이해를 한다. 그러니 그저 즐기라! 이건 평생 한 번 올까 말까 한 사건이다!

■ ■ ■

동이 트고, 그녀의 반지 위에 너무나 아름답게 달려 있는 다이아몬드를 태양 빛이 뚫는다. 그 다이아몬드는 부드럽고 밝은 빛을 침대 위에 비추고, 이른 아침 흘렸던 눈물이 침대에서 닦여 나간다. 태양 속에서 번쩍이는 그것을 보니, 다시 비탄이 그녀를 사로잡는다. 결혼식이 없다면 반지가 무슨 소용인가? 그녀는 생각한다. 오늘은 그 반지의 약속이 얼마나 텅

비어 보이는가?

그녀는 재빨리 이불 속으로 들어가 몸을 눕힌다. 반지를 바라보는 것만으로도 아픔이 너무나 크다. 다른 사람들에게 얼마나 자신 있게 그 반지를 보였었는가를 떠올려보면 심장이 견딜 수 없이 아프다. 그는 어떻게 그녀를 실망시킬 수 있는가? 그렇게 약속을 해놓고서 아무것도 지키지 않을 수 있을까? 그녀는 이제 어떻게 친구들과 가족들을 다시 보겠는가?

그들은 절대 이해하지 못할 것이다. 어떻게, 왜 그녀가 완전히 속았는지를 이해하지 못할 것이다. 통상 그녀는 잘 속는 사람이 아니었다. 그런데 그 반지. 아, 그 반지! 그것은 모든 의심을 거둬 갔고, 그의 의도는 진심인 것처럼 보였다. 그런데 이제는 너무 허무하게 느껴진다. 그렇다. 공허하고, 후회스럽고 혼란스럽다. 단지 잠으로 모든 슬픔을 치워 버리고, 이 끔찍한 절대적 실망을 잊고 싶다.

■ ■ ■

여러분이 천 원짜리를 한 장 한 장 쓸 때마다, 유산을 모두 받는 건 언제일까 궁금해지기 시작한다. 분명히 보증금만 해도 여러분이 평생 본 것보다 많았다. 그런데 여러분이 쓰지 못할 정도의 액수는 아니었다. 쓸 곳이 정말 많았기 때문이다. 지금까지 이 보증금으로 수없이 많은 사람들이 도움을 받았다. 바야흐로 여러분의 가정의 필요를 채웠을 뿐 아니라, 여러분이 관대하게 베풂으로써 전국의 가정들이 도움을 받았다. 여러분은 진심으로 고백한다. "거저 받았으니 거저 주는 것입니다!"

그런데 안타깝게도, 유산의 전액이 금방 주어지지 않는다면, 이제 베푸는 일도 중단될 수밖에 없다. 이제 여러분은 이 생각을 자주 하게 됐다. 책상 위의 모든 서류들을 뒤적여 변호사가 준 카드를 찾는다. 연락을 하려 하지만, 도무지 연락이 닿지 않는다. 이해할 수 없는 노릇이지만, 그는 돌아올 기미가 없다. 어떻게, 왜 세상에 그런 무지막지한 보증금을 장난으로 주고 떠나는 사람이 있는가? 도무지 이해할 수 없는 일이다.

어느 날, 여러분은 누군가 문을 두드리는 소리를 듣는다. 한 충직한 사신이 전보를 건네 준다. 즉각적으로 이것이 그 변호사에게서 왔음을 깨닫는다. 심장은 쿵쾅거리기 시작하고, 여러분은 봉투를 찢어 낸다.

"존경하는 선생님, 저희 사무실에 여러 번 전화하셨음을 알게 됐습니다. 분명히 제가 유산 전액이 갈 것이라고 말씀 드렸지요. 그리고 그 증거로 보증금도 드리지 않았습니까? 그렇게 문제가 해결된 것으로 알아 주십시오. 유산은 선생님 것입니다. 전달 날짜에 대해서는, 유언장에 쓰인 지침을 따르겠습니다. 선생님이 사망한다면, 저는 나머지를 선생님 유가족에게 전달할 것입니다."

전보 끝.

■ ■ ■

오래 전, 성도들이 아주 나쁜 버릇을 갖게 됐다. 뭔가 이해가 안 될 때, 혹은 성경에서 체험해야 한다고 하는 것들을 체험할 수 없을 때, 그들은 간단하게 그런 부분을 채울 수 있는 신학을 개발했다. 머지 않아, 소중한 주님의 약속들을 체험하고 이해하는 사람들은 점점 줄어만 갔다. 세기를 지나오면서, 놀라운 일이 하나 벌어졌다. 천년 왕국이 교회(Christendom)의 전성기로 바뀐 것이다. 모든 놀라운 일이 일어나야 하는 때가 천년 왕국이었다. '저 너머 큰 날'을 기다리며, 지금 삶은 거의 견딜 수 없는 고역으로 변해 버린다.

그러나 이 모든 것을 여러분은 이미 들어봤다! 여러분은 다른 곳을 향해 가고 있어야 한다. 그런데 신약의 거의 모든 역사들이 하늘 혹은 천년 왕국에 주어진 것이 아닌가? 여러분과 내가 할 수 있는 것이라곤 그 끝이 가져올 것들을 기다리는 것뿐인 듯하다. 어떤 이들의 신학에 따르면, 우리가 누리는 은혜보다 더 대단한 은혜가 남아 있는 것도 없다. 이 신약에 나타난 우리 소유의 영광스러운 선물을 이 삶이 거의 다 가져가 버렸다.

여러분이 얼마나 순진했는지 알겠는가? 실제로 여러분은 성령께서 여러분을 죽기까지 이끄신다는 사실을 보증금으로 받아들인 것이다. 그 후에는 유산 전액을 받을 예정이다. 생각해 보라. 여러분이 죽는다면 유산이 무슨 소용인가? 누가 거액을 물려 받기 위해 죽는가? 죽는 사람은 유산을 남기는 사람이지 유산을 받는 사람이 아니다. 유산은 죽은 사람이 남긴, 살아 있는 기념물이다. 우리 주님께서 다시 살아나시긴 했지만, 그분의 죽음으로 유산이 남겨졌다. 수 세기 동안, 많은 성인(成人)들이 하나님의 약속을 물려 받으려 죽고 싶어했다. 그들은 자기 구원의 충만함을 체험할 수 있도록, 죽음을 기다렸다.

주님께서 이 진리를 여러분의 마음에 증거하실 때는 저항이 세진다. 논쟁하는 듯한 목소리 곧 교만과 종교성, 기성 신학의 소리가 아우성친다. 기억하라. 오랜 전통은 그리 쉽게 죽지 않는다. 옛적부터 사랑받아 온 교리들은 간단하게 사라지지 않는다. 계속해서 들릴 것이지만, 여러분을 압도하지는 못할 것이다. 그 때 궁금해지는 것들이 있다.

"천국을 더 이상 믿지 않는다는 거야?" "천년 왕국을 믿지 않아?" "이 생에서 완벽해질 수 있다는 말이야?" "모든 사람이 치유되어야 한다고 믿는 거야?" 이런 질문들은 전에 들어봤다. 이런 류의 질문을 수천 번 들었던 것이다! 각 질문을 꼼꼼하게 답하며, 하나님의 말씀을 믿는다고 고통스럽게 상술하며 수 시간을 보낼 수도 있다. 다른 대안은 연막이 보일 때 알아차리는 것이다.

이 문제들이 여러분으로 하여금 회피하게 하지 말라. 이것들은 여러분이 이단과의 경계선에 놓여 있다고 생각하도록 충격을 주기 위한 것이다. 대답할 수 없는 이러한 질문들이 주는 혼란스러운 목소리에 여러분이 겁을 먹게 된다면, 하나님의 더 깊은 것들을 체험하지 않으려 저항하는 사람들은 아무 잘못이 없는 게 된다. 여러분이 밖으로 벗어나는 일이 없기를 바란다.

그러나 여러분은 더 잘 알지 않는가! 여러분의 의지 너머, 휘장 속의 삶을 체험해 본 것이다: 이 이상의 것들이 있음을 안다! 여러분은 결혼 없는 약혼의 고통을 체험해 봤다. 성경에서 약속하는 것 같은 부분을 왜 체험하지 못하는지 설명하려고 반복적으로 똑 같은, 바보 같은 핑계들을 썼다. 몇 달, 몇 년 동안 반지를 그토록 자랑해 놓고 실제 결혼식을 못 한다는 것이 어떤 기분인지 여러분은 알고 있다. 기쁨은 성취에 있는 것이지 평계에 있지 않음을 알게 됐다. 참 평화는 체험에 있다. 미래적 신학에 있지 않은 것이다.

여러분은 그분을 만났다! 유산이 지금, 이 곳에서 유효한 것임을 안다. 예수께서 항상 이 생의 문제를 다루셨던 것이 점점 더 뚜렷해진다. 주님의 주된 초점은 당신의 왕국이 땅에 임하는 것이다. 하늘에 대해선 그리 마음을 두지 않으셨다. 그분의 주권은 그 때를 위한 게 아니라, 지금을 위한 것이다. 더 이상 하나님의 목적을 장래로 미뤄 둬선 안 됨을 알고 있다. 인간은 하나님 앞에 자신에게 주어진 세대에 대한 책임을 그렇게 쉽게 저버려선 안 된다.

하나님께서는 땅의 이곳 저곳을 살피고 계신다. 여러분과 같은 사람을 찾고 계신다. 여러분을 찾으시는 건, 여러분이 멍에를 질 마음이 있기 때문이다. 주님께서 생각하시는 책임을 떠안고자 하는 것이다. 신약을 다시 살펴보고, 그 내용을 조사하여 지난 세기 동안의 해석을 시험해 보고자 하는 것이다. 바로 여러분과 같은 사람들을 찾고 계신 것이다. 주님께 "네"라고 대답하며 세대를 향한 하나님의 목적을 받아들일 수 있는 사람 말이다.

여러분은 약혼이 과도적인 기간임을 보았다. 그 반지는 겨우 한때를 위한 것이다! 휘장의 바깥편에선 상상조차 할 수 없는 깊은 친밀함이 여러분을 기다리고 있다. 초청은 거짓이 아니라고 반지가 말한다. 곧 반지를 자랑하는 대신, 신랑으로 덧입혀진 여러분은 매 순간 그분을 더 닮아 가게 될 것이다. 하나 됨은 죽음을 위한 것이 결코 아니었다! 지금을 위한 하나 됨인 것이다! 얼마나 간단하고, 얼마나 자유로운가!

주님의 갈망 앞에 완전히 내려놓았을 때 체험되는 여러분 자신의 모습에, 기쁨의 눈물이 얼굴을 적신다! 말로 형언할 수 없는 최고봉의 기분으로, 여러분은 주님의 온유한 초대에 응한다. "나에게 오라. 지치고 무거운 짐을 진 모든 이들아. 내가 쉼을 주겠다. 내 멍에를 네 위에 지고 나에게서 배우라. 왜냐하면 내 멍에는 쉽고 내 짐은 가볍기 때문이다." 이해가 되면서 엄청난 기쁨이 몰려온다. 하나님과 하나되는 데에는 죽음이 수반된다. 물론 육신의 죽음이 아니다. 스스로에 대한 의지가 죽어야 하는 것이다! 마음을 찢고 이 세상 속 여러분의 고집이라는 휘장을 지나가라. 이것이 진정한 연합인 것이다.

이제 놀라운 일이 일어나고 있다. 예수께서 여러분과 함께 있다는 기쁨만으로 빛을 발하시며, 여러분을 향해 걸어오시는 모습을 본다. 다가오시는 그 모습이 투명해진다. 그분을 통해, 말할 수 없고 감당할 수 없는 영광 가운데, 여러분은 영원을 맛본다. 장관이라 할 만큼 영롱한 빛이 주님을 통해 비춘다. 여러분은 아이처럼 놀라워하며 그분을 살펴보고, 주께서는 크게 웃어 주신다.

앞으로 여러분이 체험해야 할 사랑은 엄청나게 광대하다. 계곡은 휘황한 녹색이고, 이 땅에서 보지 못한 천색의 꽃들이 반짝이고 있다. 강들은 깊게 흐르며, 풍성한 삶을 보여 주며 여러분에게 들어오라고 한다. 모든 자연이 눈부신 만족감으로 합창하고, 우주가 기쁨으로 춤추는 듯한 소리가 들려 온다.

여러분은 홀로 보증금으로 견뎌내야 하는 것이 결코 아님을 알게 됐다! 여러분은 성소를 지나 지성소로 향한다. 이제껏 여러분이 가졌던 것보다 더 많은 게 요구된다. 마지막 때의 세력과 권세들은 오로지 휘장 속에 있는 것으로만 맞설 수 있다. 우리의 승리의 소망, 무한한 능력에 대한 소망은 휘장 안에 계신 무한한 분으로부터 말미암는다.

이해할 수 없는 듯 보였던 영원이라는 것이 가깝게 느껴진다. 멀리 있는 듯 느껴졌고 미래에 체험될 것으로만 여겨졌던 영원은, 이제 주님을 통해, 주님을 인해 실제가 되었음을 안다. 주님께서는 칭찬과 더불어, 여러분을 위해 주님께서 사신 그 광대함과 깊이와 풍성함과 친밀함과 사랑을 누리도록 초대하신다. 이 휘장 안에서 여러분은 새 언약의 충만함을 발견할 것이다.

◀ 관련 성경 구절

마 10:8

엡 1:13-14

마 11:28-30

욜 2:13

Secrets of the
Most Holy Place

10장
주님의 주권의 비밀

놀랍고 두렵다. 여러분 앞에 펼쳐지고 있는 일들을 믿을 수 없다. 그렇지만 실제다. 이 드라마는 이 땅에서, 하늘에서, 그리고 하나님 안에서 실제로 벌어지고 있다. 주께서는 단단한 바위라 꿈쩍도 안 하신다. 말 그대로 움직이실 리 절대 없다. 여러분은 가만히 서서 바라보게 된다. 이해가 안 되는 것이다. 정확히 말하자면, 여러분은 이것을 목도하고 싶었는지 알 수 없다.

여러분은 어떤 사람, 한 나이든 사람이 고통의 병상에 누워 있는 것을 본다. 의학 박사들, 간호사들, 전문의들과 다른 중요하게 보이는, 흰 가운과 마스크 차림의 사람들이 그의 침대 곁으로 황급히 달려온다. 링거 병에서는 알 수 없는 액체가 떨어져 그의 핏줄을 향한다. 그의 머리와 가슴에는 전극이 붙여 있고, 누군가 최신 진단 장비로 상태를 점검한다.

방에서 이 모든 일들이 일어나고 있는데 한마디 말 소리도 들리지 않는다. 수술 도구들이 부딪히는 소리들, 이따금씩 산소가 공급되는 소리, 그리고 혈관용 약이 계속적으로 투여되는 소리가 전부다. 의무감으로 자신들의 책임을 다하고 있는 사람들에게는 소망이 없어 보인다. 그들은 피할 수 없는 그 일이 곧 일어나려 함을 이미 아는 듯하다.

여러분은 길 건너편 큰 교회 건물 속을 들여다 본다. 거기에서는 아름답고 뭔가 힘을 주는 소리가 들린다. 왜냐하면 그곳에는, 여러 남녀가 함께 기도하고 중보하기 위해 모여 있기 때문이다. 곧 여러분은 그 사람들이, 방금 전 병원에서 본 그 남자를 위해 기도하고 있음을 깨닫는다. 그들의 부르짖음이 들리고, 하나님의 마음을 움직여 이 한 사람에게 치유를 일으키고자 애쓰는 그들의 기도 소리에 귀를 기울이게 된다. 여러분은 그들의 간구에 동참하고 싶어진다. 그들이 느끼는 애통과 슬픔으로 함께 나아가고 싶다. 여러분도 그들의 부담을 느끼기 때문이다. 그들의 고통을 느끼는 것이다.

그러나 아버지를 향한 그들의 합창에 여러분이 가담하려 하자, 주님의 손이 엄하게 여러분을 막아 낸다. 왜 이러시는지 주님을 향해 묻는다. 주님의 눈은 사랑과 결의로 여러분의 눈을 꿰뚫어 보신다. 그 사람이 반드시 죽게 될 것을 즉각적으로 깨닫는다. 왜냐하면 하나님께서 이에 대해 바위처럼 굳건하시기 때문이다. 결코 움직이지 않으실 것이다.

다시 병원에 돌아와 보면, 수술 팀이 천천히 침대에서 물러 나오기 시작한다. 한 사람은 슬픔 속에 마스크를 벗고 고개를 저으며 자리를 뜬다. 또 다른 사람이 수술 장갑을 세차게 벗어 바닥에 던져버릴 때, 찰싹 하고 튕기는 소리가 들린다. 오직 한 사람만 침대 곁에 남아 있다.

조심스럽게 그 사람의 머리에서 전극을 떼낸다. 주사 바늘도 그의 팔에서 제거해 쟁반에 담는다. 그녀는 한순간 멈추어 그를 바라본다. 마침내, 한숨 소리와 함께 그의 몸 위로 시트를 올려 머리까지 덮는다. 천천히 뒤돌아 방을 떠나면서, 불을 끄고 문도 닫는다.

교회에서의 간절한 기도는 지칠 줄 모르는 열정으로 계속된다. 그러나 하나님께서는 움직이실 생각이 없다. 한 사람씩 하늘을 향해 위엄의 말씀을 부르짖는다. 어떤 사람이 말한다. "'그가 채찍에 맞음으로 우리가 나음을 입었다'고 약속하셨습니다!" 또 다른 사람이 부르짖는다. "주님의 말씀은 반응을 요구하고 있습니다. '너희가 무엇이든지 내 이름으로 구하면, 내가 행하겠다!'"

여러분이 주님을 향할 때, 주님께서 애통으로 가득하신 것을 본다. 몇 시간 동안 주께서는 이 작은 기도 모임에 다가가려 하셨다. 이들에게 역사하셔서 방향을 알려 주기를 원하셨다. 그러나 그들은 자신들의 비통함을 하나님의 영으로 착각하고 있었다. 그들은 자신들의 분노가 하나님의 담대함이며, 자신들의 좌절이 주님의 결단이라고 믿기로 작정한 상태였다. 그래서 그들은 밤새 기도를 이어갔다. 하지만 하나님께서는 움직이실 리가 없다. 주께서 결정하신 것은 변하지 않는다. 하나님께서는 선하시기 때문에, 때로 움직이시지 않는 것이다.

여명이 밝아오자, 커다란 스테인드글라스로 장식된 창이 있는 구석까지 한 줄기 태양 빛이 비춰 온다. 교회의 문이 천천히 열리고, 깨어져 흐느끼는, 좋지 않은 소식을 전할 사람이 나타난다. 그는 잠잠히 그 곳에 서 있다. 이른 새벽 빛이 이제 더욱 환히 비춰 오기 시작하고, 제단 쪽엔 씁쓸하고 거짓된 소망이 몰려온다. 충격은 재빨리 각 사람을 치러 다닌다. 소식을 전하러 온 사람은 한마디도 하지 않는다. 그러나 그의 침묵이 더욱 잔인한 힘으로 소식을 전한다.

절망의 마지막 단계에서, 누군가 점프를 하며 소리친다. "여호와께서 하신 말씀입니다. '나는 하나님이니 보는 것을 믿지 말아라! 나는 죽은 자까지도 살릴 수 있다!'" 그러나 하나님을 움직일 수는 없다. 하나님이시기 때문이다. "여호와께서 하신 말씀입니다. '기도를 멈추지 말라, 믿기를 멈추지 말라!'" 불신의 나락으로 떨어지는 그에게, 슬픔이 다가와 남아있는 노력조차 잠식한다. 그러나 하나님을 움직일 수는 없다. 이 텅 빈 간절함은 이미 흐트러진 모임에 사악한 조롱을 더해 준다.

한 사람씩, 사람들은 서서히 출구를 향해 나아간다. 들리는 것은 성경이 바닥에 내던져지는 소리뿐이다. 다른 사람은 기타를 케이스에 넣더니 쾅 하고 닫아 버린다.

어떤 사람은 제단에 남아 있다. 기름병에 조심스레 뚜껑을 덮는다. 지난 밤 언젠가 행해진 성찬식에 쓰였던 빵과 포도주를 경건하게 정리한다. 떠나기 전, 그녀는 제단 뒤 대형 목재 십자가를 향한다. 말 한마디 없이, 뺨에 흐르는 쓸쓸한 눈물 한 방울과 함께 그녀는 천천히 뒤돌아 선다. 불을 끄고 문을 닫으며, 그 자리를 떠난다. 하나님은 하나님이시다. 때론 하나님을 움직일 수 없다.

동요를 일으키는 빛의 영광 속에 셀 수 없이 많은 천사들과 함께 그 사람의 영은 주님의 임재 속으로 옮겨진다. 그렇게 주님과 영원히 함께 있게 되는 것이다.

여러분은 주님께 여쭙고 싶다. "왜요?" 알고 싶다. 사람들의 감정을 안다. 그들의 상실감에 마음이 아프다. 여러분 심중의 고통은 진짜다. 눈물도 진짜 눈물이다. 여러분에게는 답이 필요하다. 물론 주님께서 기도를 안 들으셨을 수는 없다. 주님께서 다른 데 신경을 쓰고 계셔서 그런 것일 수는 없다. 주님께서는 분명히 사람들을 주의 깊게 보고 계셨고, 의도적으로 응답 안 하기로 작정하셨던 것이다.

이제 여러분의 눈에서는 더욱 눈물이 쏟아져 내리고, 여러분은 전적인 불신 속에 고개를 젓는다. 주님께서 움직이지 않으신 것이다. 그들의 기도에 전혀 꼼짝 안 하셨다. 분명히 말하면, 성도들은 기도로 아버지께 영향을 끼쳤다. 그 기도 중에 주님께서 느끼신 고통과 슬픔이 보이기 때문이다.

그러나 그 사람이 죽어야 할 마땅한 이유가 없었다! 확실히 하나님께서는 모든 지혜와 능력으로 생명을 구해 주실 수 있었고, 그 사람에게나 환경에나, 아니면 하늘 위에 무슨 문제가 있었든지 바로잡으실 수 있었다. 분명히, 하나님께서는 이 삶이 이어질 자리를 마련해 두실 수 있었다. 친구들을 보라. 그들도 울고 있다! 그들이 얼마나 그를 사랑했는가 보라.

여러분은 지옥과 죽음의 열쇠를 쥐고 계신 주님께 향한다. 피로 여러분을 사신 그분 말이다. 그분께 향해 답을 구하지만, 정작 어쩌면 지금껏 가장 달콤쌉싸름할 그분의 비밀을 마주하게 된다. 하나님은 하나님이시라는 것이다. 바위시다. 때론 움직이지 않으신다. 우리의 기도에 대해 때로는 부정으로 응답하신다.

"내 아들아, 안 된다." 여러분이 묻기도 전에 아버지께서 말씀하신다. "안 돼. 말도 해주지 않겠다. 이 사람의 삶에 대한 내 목적을 네게나, 누구에게나 공개하지 않겠다. 나는 하나님이다."

불현듯 여러분의 모든 감정과 질문들, 낙망과 혼란이 큰 소리를 내며 표면으로 올라온다. "주님, 저를 배신하신 것입니까? 제가 겪은 고통들은 모두 헛것입니까?" 다시 한번 눈물이 비 오듯 쏟아진다. 주체할 수 없이 흐느끼는 여러분의 머리 속은 과격하게 달리고 있다. 배신, 거짓, 기만! **주님의 목적이** 무엇이었는가? 왜 분명히 안 밝혀 주시는가? 내가 이러한 대우를 받을 만한 잘못을 한 게 무엇인가? 여러분은 주님께 모든 걸 드렸다. 그분을 믿는다. 주님의 지혜에 의지한다!

화도 나고 기분도 씁쓸하다. 스스로 판단하건대, 여러분은 완전히 정당했다. 응답을 받을 가치가 있는 것이다! 그런데⋯ 마침내 여러분은, 교회에서 기도하던 그 사람들과 똑같이, 여러분 스스로의 슬픔 속에 주께 요구하고 있었음을 깨닫는다. 여러분의 화가 여러분을 담대하게 만들었고, 여러분의 죄악을 위해 못 박히신 그분께 반항하듯 맞섰다. 이 '기도의 용사들' 처럼, 여러분은 낙망을 결단으로 착각해, 잘못된 자의(自義) 의식을 가지고 감히 주님의 뜻을 밟으며 육신의 절규를 한 것이다. 필멸의 인간에 불과한 주제에, 스스로의 제한적 이해와 필멸적 존재성으로부터 거만한 조롱을 뱉어 내며 여러분의 죄악 때문에 매 맞고, 여러분의 복리를 위해 벌 받으신 분을 오해한 것이다.

천천히 여러분을 향하는, 주님의 눈은 꿰뚫어 보는 듯 엄하다. 주님의 얼굴은 굳고, 그 음성은 우레 같다.

"내가 별들을 그 자리에 두었을 때 네가 어디 있었느냐? 내가 어둠 위에 반짝이는 빛들을 달아 둘 때 너는 어디 있었느냐? 내가 해를 그 자리에 두고, 달로 밤을 지키게 했을 때 네가 내게 조언을 주었느냐? 내가 산을 어떻게 두고 계곡을 어떻게 멋지게 만들지 네게 지혜를 구했느냐?"

주님께서 여러분에게 걸어오시는데, 그 눈에서 눈물이 한 방울 떨어진다. 주님은 팔을 넓게 벌리고 말씀하신다. "내가 그 강둑 곁에서 무릎을 꿇고, 손으로 직접 온유와 사랑을 담아 이 땅의 먼지로 인간을 지었을 때 네가 어디 있었느냐?"

감정에 겨워 눈앞이 흐려진다. 여러분은 주님의 질문을 듣는다. "또 내가 부드러이 굽혀 이 생기 없는 형태, 차갑고 거친 입술에 내 입술을 대어 생명의 숨을 불어 넣으므로, 생령이 되게 했을 때 네가 어디 있었느냐?"

여러분은 견디지 못하고 무릎으로 주저앉아, 여러분을 사로잡으신 주님 앞에 고개를 떨군다. 그리고 새로이 회개하며 소리친다. 여러분의 소리를 듣지 못하신 것처럼, 주께서는 이어 말씀하신다. "내가 야곱을 사랑했고, 에서는 미워했다. 그런데 네가 누구인데 하나님에게 말대꾸를 하느냐?"

여러분은 입술에서 경배의 말들이 나오는 것을 느낀다. "주님께서는 하나님이십니다. 하나님께서는 움직이지 않으실 때가 있습니다. 움직이지 않으십니다." 곧바로 여러분은 그분의 주권을 이해하기 시작한다. 그분과 동역한다는 것은, 여러분이 주님의 역사 속으로 들어간다는 것이다. 주님께서 여러분의 일로 들어오실 수 없다. 여러분은 주님의 뜻과 의도에 맞추어 기도하는 것이지, 개인적인 계획과 이해를 따르는 것이 아니다. 여러분은 스스로의 이해력에 의존해서는 안 된다. 항상 주님의 뜻을 따라가야 하는 것이다. 육적인 사고는 영적인 하나님을 이해하기에 역부족이다.

하나님께서는 바위처럼 움직이지 않으신다. 거기에서 비밀이 발견된다. 여러분이 기도의 응답을 원한다면, 하나님께서 기도하기를 바라시는 기도를 해드려야 한다. 기적을 원한다면, 하나님께서 하시는 일을 행하라. 무엇을 하고 계신지 모르겠다면, 지금 기도실로 들어가 문을 닫아라. 방향을 모르면, 가지 않아야 한다. 할 말을 주시지 않는다면, 그 문제에 대해 침묵해야 한다.

여러분의 생각은 상관이 없다. 주님의 뜻만이 중요하다. 혹시 하나님께서 여러분에게 선택권을 주신다면, 그것조차도 말씀해 주실 것이다. 여러분의 고백은 이제부터 예수의 그것과 같아질 것이다. "나는 하늘에 계신 내 아버지께서 하시는 일만 한다." 다른 것은 상관하지 않는다.

여러분은 감정, 심지어 벅차 오르는 감정이나 열정이라도 하나님을 진정 따르려는 마음을 대신하지 못하게 하겠노라 하나님 앞에 결심한다. 영과 혼, 그리고 뼈와 골수를 정확하게 분별하고 분리해 낼 수 있도록 잠잠하고 작은 모습으로 있겠다고 결단한다.

여러분 앞에는 큰 바위가 있다. 주님께서는 우리 구원의 바위시며, 움직이지 않으신다. 여러분이 이 바위에 낙심을 던져 버릴 때, 그것들은 산산이 깨어진다. 다음으로 여러분의 분노와 자고도 바위 위에 던져진다.

여러분의 권리, 악의, 합리화시킨 분노가 주님으로부터 여러분을 분리시켜 왔다. 스스로 더 잘 안다고 생각했기 때문에, 쓰라림의 장벽이 지성소로 향하는 문이신 주님과 여러분 사이에 커져 갔던 것이다. 주님께서는 대신 흘리신 생명의 피로 여러분과 언약을 맺으시고 축복을 주셨다. 그런데 여러분의 알고자 하는 육적인 욕구가 여러분에게 주어질 축복을 막아 왔다. 이 혼돈이, 비록 내면 깊숙이 눌려 있었지만, 여러분으로 하여금 넘어지게 한 것이다. 이제 여러분은 그것을 내려놓을 때까지 균형을 잡을 수 없음을 안다.

"주님 앞에 저의 뜻을 내려 놓습니다. 어떠한 설명도 바라지 않습니다. 주님께 회개 드립니다. 제게 설명해 주실 것은 없습니다. 주님의 은혜로, 저는 기쁘게 그 뜻을 받아들입니다."

여러분 안의 슬픔이 크지만, 아주 깊이 있던 내면의 고통은 사그라진다. 비통함은 말로 할 수 없지만, 하나님을 믿는 새로운 차원으로 해방되어 들어가고 있다. 그분은 하나님이시다. 때로, 주님께서는 움직이지 않으신다.

주님의 목적이 여러분의 인간적 이해력을 초월할 때가 있다. 그러나 그러한 때를 인해 주께 감사하라! 하나님의 뜻을 꺾고 그분의 팔을 비틀어, 최선의 것이 아닌 여러분이 원하는 것을 주시게끔 만들고 싶은가? 주님께 감사할 것은, 약속에 대한 오해와 성경의 이기적인 적용으로 생기는 절규가 주님을 움직일 수 없는 이유에서다. 주님께서는 구석으로 몰리시거나, 우리의 변덕스럽고 좀스러운 각종 요구에 재빠르고 순종적으로 반응하는 웨이터가 되어 주실 수 없다는 것에 감사하자.

그분이 하나님이심을 깨닫는다. 최종 분석에서, 여러분은 겸손과 사랑으로 여러분의 뜻을 그분께 내려놓고, 여러분의 계획을 그분께 맡기며 한 발짝 물러서 주님의 목적이 온전히 드러나게 해야 한다. 왜냐하면 하나님께서는 단단한 바위시기 때문이다. 그리고 때로, 그분께서는 움직이시지 않는다.

◀ 관련 성경 구절

사 53:5

요 14:14

계 1:18

욥 38

창 2:7

롬 9:13, 9:20, 8:7

잠 3:5하

요 5:19

히 4:12

시 95:1

Secrets of the
Most Holy Place

11장
관계의 비밀

휘장 안에는 공식이 있을 자리도 없고, 쓸모도 필요도 없다. 하나님으로 하여금 무엇을 하시도록 하거나 무엇이 되시도록 하는, 연약한 인간의 육적 조제물(調劑物)은 없다. 그분께서는 하나님이신 것이다. 하나님을 움직이는 것은 오직 한 가지 참된 사랑이다. 그분과 철저한 사랑에 빠진 마음을 인해, 주님께서는 형용도 상상도 할 수 없을 만큼 동요하신다.

여러분이 관계(여러분의 주님과 속죄소를 공유하는)를 바라볼 때, 지금보다 더 깊은 관계가 가능함을 알 수 있다. 겸손하게 경배드릴 때, 여러분이 진정 그분과 함께하기를 주님께서 얼마나 굳건히 바라시는지 이해할 수 있다. 심지어 그 임재 가운데 편안을 느끼기를 원하시는 것이다. 단적인 예가 여러분의 머리카락이 몇 개인지 정말 아신다는 것이다. 여러분이 들어가고 나가는 것을 모두 아신다. 여러분이 찬양, 기도, 혹은 예배의 말소리를 내기도 전에, 주께서는 이미 그분의 마음 가운데 그것을 받으셨다. 주님께서는 여러분이 모친의 태에서 형성되는 것을 보셨다. 주님께 숨겨진 것은 결코 하나도 없다.

주님께서는 여러분을 아신다. 좋은 것, 나쁜 것, 그리고 여러분이 숨기고 싶어 하는 것들도 아신다. 여러분이 주님 곁에서 긴장하는 것은, 주님께서 아신다는 사실을 모르기 때문이다. 그런데 정말 아신다! 언제나 주님께 말씀 드리고 싶던 것들, 마음 깊은 곳에 주님께서 알아 주셨으면 하고 숨겨 두었던 문제들을…주님께서 아신다! 기억하라. 주님께서는 여러분의 벗음을 보셨다. 여러분의 온갖 연약함을 보셨다. 주님께서 여러분의 참 모습을 보시고, 그분의 접근 불가한 빛으로 덧입혀 주셨으니 이제 더 이상 부끄러워할 이유가 없다.

이제 주님의 임재 가운데 편안해도 된다. 주님께서는 마음을 보시는 것이다. 여러분의 마음이 하나님을 향해 있다면, 그 마음을 인해 순결이 임할 것이다. 주님께서는 외적인 것들을 가증히 여기신다! 여러분의 빈약한 겉치레들을 역겨워하신다. 차가운 마음을 가지고, 꾸며 댄 겸손과 헌신을 보이는 남녀 종들이 그분의 뜰을 밟기를 주님께서는 원치 않으신다. 지금껏, 또 영원토록 하나님께서는 외적으로 드러나는 경건이나 종교 행위로 만족하지 않으신다.

여러분은 주님의 말씀이 여러분 안에서 솟아나와 갖은 영원의 능력을 주는 것을 느낀다. 자기들 방식대로 그분께 다가오려는 자들을 바라보는 주님의 음성에는 분노의 권세가 느껴진다. 이토록 경이로운 강도로, 주님의 음성이 여러분의 마음 속에 요동친다.

"네가 내게 희생을 갑절로 바친 것이 무엇이냐? 나는 양과

살진 송아지의 번제를 충분히 받았다. 나는 소와 양과 염소의 피로 기뻐하지 않는다. 이 무가치하고 외적인 것들을 더 이상 내게 가져오지 말아라. 네 향도 내 코에는 악취일 뿐이다. 더 이상 네가 겉으로 보이는 것들을 견디지 못하겠다! 옷이 아니라 마음을 찢어라! 몸이 아니라 마음에 할례를 하여라! 그래야 네 존재 깊은 곳으로부터 거룩함이 나타나고, 네 입술로부터 의가 쏟아져나올 것이다!"

인간은 얼마나 부패했는가! 살아 계신 하나님을 얼마나 묵계(默契)하게, 가차없이 속이려 하는가! 주님의 자비를 이해할 수 있는가! 하나님을 움직이고자 비열한 육신의 팔을 뻗는 인간이여, 파멸 외에 무엇이 합당하리요! 여러분의 입술은 스스로와 형제들에 대한 회개를 쏟아 낸다. 하나님의 길에 눈 먼 인간들을 위해 스스로 자비를 구하는 여러분을 발견하게 된다.

여러분은 하나님께서 죄를 간과하지 않으신다는 사실에, 내면으로부터 아주 차가운 기운을 느낀다. 주님께서는 죄를 무시하지 않으신다. 죄악을 씻는 예수의 보혈이, 그게 누가 저지른 것인지를 조금이라도 감춰 주는 것이 아님을 여러분은 알게 된다. 용서받았다는 사실만으로 주님의 고통이 덜한 것은 아니다. 주님께서 눈치채지 못하신다는 뜻이 아니다. 예수의 보혈! 정결케 하는 피! 그 이상의 능력이 있는 보혈! 보혈을 인해 여러분은 죄에 대한 능력을 얻는다!

여러분은 주님을 뵙고, 주님처럼 변해 간다. 더 이상 죄악을 용서받았다는 사실에만 자족하지 않는다. 이제 죄를 덮어 주셨다고 고백하는 것만으로 행복할 수 없다. 주님을 뵈었기 때문이다! 여러분은 주님 앞에 있는 인류의 죄를 보았고, 그래서 수치스럽다.

여러 종교와 교파들이 여러분 앞을 지난다. 여러 가지 교리들이 여러분 앞에 깜빡인다. 이런저런 주장들, 독선적 의견들이 줄을 지어 여러분의 영과 혼을 채우고, 여러분은 필사적 깨달음으로 부르짖는다. "의인은 하나도 없다. 전혀, 한 명도 없다!"

분열을 초래하는, 전적으로 무익한 주장들에 섬뜩해진다. 우리가 주께 늘어 놓는 미약한 핑계들에 진저리가 난다. 이러한 외적 무화과 잎사귀들은 인간의 벌거벗음을 드러낼 뿐이다. 스스로를 덮으려 했던 아담의 시도가 그의 벗음을 보였다는 사실에 다시 한번 아연실색한다. 무화과 잎은 벗었음을 가리려는 그 부위로 이목을 집중시킬 뿐이다. 인간은 벗은 상태이며, 외적이고 육적인 장식이 아무리 많아 봐야 그 사실에는 변화가 있을 수 없다. 하나님께서는 마음을 찾고 계신다. 주님께서는 늘 아담이 벗었다는 사실을 아셨다. 마찬가지로 여러분이 하나님을 떠났음을 아신다.

하나님의 왕국은 눈에 보이는 표징들과 함께 임하지 않는다. 우리가 인간을 속일 수는 있지만, 주님을 속이는 건 불가능하다. 여러분은 스스로 표징으로 옷 입을 수 없다. 기적이 여러분을 감추지 못한다. 사역이 여러분을 덮어 주지 못한다. 대형 교회가 여러분을 가려 주지 못한다. 오직 예수께서만 여러분을 덮어 주실 수 있다.

하나님의 왕국은 결코 먹고 마시는 것이 아니다. 절대 외면을 덮는 것과 상관이 없다. 주님의 나라는 마음의 문제다. 언제나 그래 왔다. 내면으로부터 나아오는 것과 관련이 있는 것이다. 주님께 여러분의 마음에 그분의 법을 새기시도록 내어드릴 때, 주님의 나라가 임한다. 열정으로 탄생된 여러분의 순종이 완성에 이를 때, 주님의 왕국이 여러분에게 임한다. 외적으로 강제된 법은 여러분을 문제로부터 보호해 줄지 모르나 절대로, 결코 주님의 왕국으로 인도하지 못한다.

이제 여러분은 절대 외적인 것들이 주님과 여러분의 관계, 혹은 메시아 안에서 여러분과 형제 자매 된 이들의 관계에 간섭하지 못하도록 하리라 주님 앞에 서약하게 된다. 주님께서 바른 마음을 가르쳐 주실 것을 깨닫는다. 하나님과 바른 관계를 가지고 친밀하게 교제하는 자는 충만한 진리로 인도될 것이다.

여러분의 마음 가장 깊은 곳에서, 벽들이 무너져 내리는 소리가 들리기 시작한다. 그 붕괴로 인해 여러분은 상쾌함과 환희를 느낀다. 여러분의 마음이 주님을 갈망함을 아는 것이다. 그것이 여러분의 관계의 접촉점이다. 또한 어쩌면 다른 이들, 오랜 세월 동안 여러분이 배제시켰던 다른 많은 이들도 주님을 향한 마음을 갖고 있음을 보게 된다.

이제 이것이 여러분의 관계의 접촉점이 된다. 더 이상 무엇을 숨길 것도 없고 변호할 것도, 증명할 것도 없다. 이것이 여러분의 받아들여지는 자리다. 이제 다시는 죄를 짓고 싶지 않다. 힘과 긍휼을 베풀어 주시라고 하나님께 부르짖는다. "주님, 도와주세요! 다시는 주님의 마음을 아프게 하고 싶지 않습니다."

위로 가득한 주님의 임재가 여러분을 둘러싸고, 주님께서는 여러분을 품에 안으신다. 여러분은 잠잠히 기도한다. "제가 살아가는 날 동안 순결하게 하소서." 이제 곧 여러분의 기도들을 응답하실 것이다. 왜냐하면 여러분은 지성소의 그 다음 비밀을 곧 알게 될 것이기 때문이다. 그것은 구원의 비밀이다.

◀ 관련 성경 구절

마 10:30

눅 12:7

시 121:8, 22:10, 139:13

사 65:24

히 4:13

욜 2:13

행 17:30

롬 3:10

마 15:11, 18-20

히 8:10, 8:10-11

사 54:13상

Secrets of the
Most Holy Place

12장
구원의 비밀

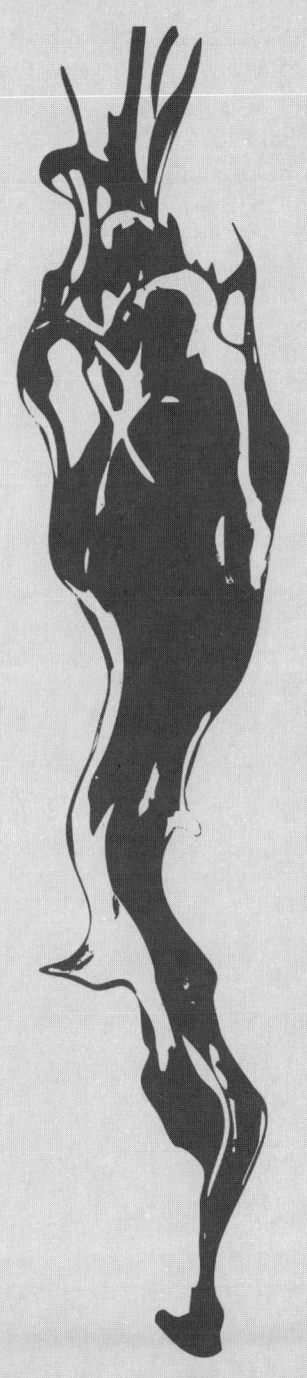

"**주님의** 구원이 시온에서 나아오게 하소서!" 주님의 시각에서 바라볼 때, 중보기도는 더욱 강력해진다. "새 언약의 충만함이 하나님의 백성을 통해 드러나게 하옵소서!"

너무나 오랫동안 여러분은 부분적인 것에 만족해 왔다. 너무 긴 세월 동안 최소한의 체험에 만족해 그 철저한 결핍에 꽤나 적응을 했다. 여러분의 교리는 거기에 맞춰 변화됐다. 신약의 놀라운 여러 가지 축복들을, 천년 왕국이라는 막연한 차원으로 밀어내 버렸다. 그러나 이제는 모든 것이 변해야 한다.

주님의 관점에서 볼 때, 새 언약의 축복이라는 충만함에서 벗어난 삶이란 불가능하다. 여러분은 예수께서 여러분을 위해 사신 그 모든 것을 간절히 필요로 한다. 여러분의 영은 말로 표현할 수 없이 깊은 감정들로 신음한다. 경솔한 말씀 인용과 경박하게 치우친 교리 암송은 더 이상 메시아 안에서 충분치 못하다. 승리하기 위해서는(하나님께서는 여러분이 이기길 원하신다), 여러분의 마음 깊은 곳으로부터 신약의 성취가 있어야 한다. 여러분의 죄를 지고 치유하시는 분으로 처음 나타나셨을 때 주께서 여러분을 여기까지 이끄신 것이다. 그러나 이제는 그 이상이 필요하다. 승리를 위해서는 주님이 필요하다.

다시 한번 주님 뜻 앞에 여러분의 마음을 내려 놓고, 그 충만한 현현을 열렬히 기다린다. 주님께서는 다시 죄 짐을 지지 않으실 것이다. 주님께서는 구원의 짐을 지고 계실 것이다. 휘장 너머의 차원, 셋째 날의 체험, 은사와 능력을 초월하는 관계 말이다. 이 조우를 통해, 여러분의 마음에는 주님의 사랑과 자비가 흘러 넘치게 된다. 주님의 능력이 여러분 안에서 샘솟을 때, 여러분의 목소리는 종교적 혼돈과 내적 독재라는 아우성을 넘어 오를 것이다.

"나를 강하게 하시는 메시아를 통해 나는 무슨 일이든 할 수 있다." 이 구절을 수천 번 들어봤을지라도, 이제는 내면에 단단히 박혀 여러분의 존재의 중심에 녹아 든다. 전에 여러분은 그저 입으로만 말씀을 읽었지만, 이제는 체험을 하는 것이다. "나를 강하게 하시는 메시아를 통해 나는 무슨 일이든 할 수 있다. 그분을 통해 나는 군대도 헤쳐 나가며, 벽도 뛰어넘을 수 있다." 그리고 모든 과정 중에, 여러분은 땀조차 흘리지 않을 것이다. 왜냐하면 여러분이 수고하는 것이 아니기 때문이다. 주님께서 그분의 일을 여러분 안에 이루시는 것이다.

이제 그 어느 때보다 충분히 이해가 된다. 여러분 자신만을 위해 치유받은 게 아니다. 스스로의 안녕을 위해 구속받은 것이 아니다. 예수께서 여러분을 구속하시고, 치유하시고 건져 내신 이유는, 그분께서 이 땅에 구원의 충만함을 드러낼 수 있는 그릇이 되도록 하신 것이다.

주님께서는 갇힌 자들을 자유롭게 하셨다. 마음이 깨어진 자들을 싸매 주고 계신다. 주님의 임재는 모든 애통하는 자들에게 위로가 된다. 또한 그분의 백성들이 의의 나무가 되어 철을 따라 과실을 맺고, 계속적으로 가지마다 열국을 치유하는 푸른 잎이 나오기를 바라며, 그분의 기쁨과 환희의 기름을 부으신다.

그런데 이 모든 것을, 여러분만을 위해서, 그리고 교회가 나머지 인류로부터 스스로를 차단시켜 평생 서로의 그릇에 똑같은 물을 채워 넣도록 하기 위해서, 교회가 스스로의 온전함을 유지하거나 먹을 빵과 마실 물, 회복되어야 할 건강, 또 뿌려져야 할 소망을 필요로 하는 수백만의 상처 입은 자들로부터 스스로 보호막을 치도록 하기 위해서 주시는 것이 아니다. 왜냐하면 여러분이 자벌레와 사과 벌레들이 파먹은 것을 회복시켜야 하기 때문이다. 여러분이 오랫동안 황폐했던 곳을 회복시켜야 하는 것이다.

깨어진 심령으로 아파하는 중에라도(실상 그 상황에서만 가능하다), 여러분의 손에 주님의 기름이 뚝뚝 떨어지고, 여러분의 잔에서는 주님의 생수가 넘쳐 흐르게 하라. 여러분은 옛적의 폐허를 다시 세울 것이다. 황량함에 빠져 있던 수 세대의 사람들을 회복시킬 것이다. 여러분의 입술에서 나오는 한마디 말이, 한 사람을 주님의 사랑하는 아들의 왕국으로 인도할 것이다. 여러분이 대적의 소유였던 것을 다시 취하게 될 것이다. 지난 세대들이 무너지도록 버려 두었던 것들을 구해 주님께 드릴 것이다. 여러분의 손, 말, 사랑의 행위가 주님의 임재와 더불어 새어 나와 한 세대를 주님께 회복시켜 드릴 것이다. 말할 수 없는 기쁨 가운데, 여러분은 구원의 충만함을 체험하기에 결코 늦지 않았음을 깨달을 것이다.

이제는 또렷하고, 매우 분명하다. 여러분은 그저 천국에 가도록 부르심받은 것이 절대 아니다. 여러분은 휘장 안으로부터 주님을 섬기도록 부르심받았다. 구속받고, 구속하도록 부르심받은 것이다. 이제 여러분의 생명은 주님의 생명으로 충만해지는 것이다. 어떻게 이것을 모를 수 있었을까? 단지 회심해서 끝이 올 때까지 버티고 있는 것은, 주님의 의도가 결코 아니었다.

여러분은 새 언약의 충만한 단계를 이제 맛보기 시작했다. 이제 겨우 새 언약의 실재성이 어떤 것인지 알아 가기 시작했다. 더 이상 여러분은 힘 없이 징징대는, 겁쟁이 교회의 일부가 아니다. 여러분은 더 이상 예수께서 오셔서 문제로부터 구출해 주시기를 바라며, 구석에서 겁먹은 상태로 있지 않을 것이다. 여러분의 소망은 더 이상 하늘에만 있지 않을 것이다. 능력과 권세로 여러분 안에 거하시는 그분을 지금 체험하는 것이다.

이제 여러분은 주님께서 여기까지 데려오신 것이, 다시 그 자리로 돌아가도록 하기 위하심이 아닌 것을 안다. 주님의 구원은 완전한 것이다. 여러분의 여생을 약속의 땅에 들어가지 못한 이스라엘 백성처럼 보내도록 하시려는 것이 아니다. 주님 마음속의 갈망은 그들을 그저 애굽에서 구출하는 게 전부가 아니었다! 주님의 목적은 이중적이었다. 애굽에서 이끌고 나와 가나안으로 들어가는 것, 속박에서 벗어나 젖과 꿀이 흐르는 땅으로 가게 하시는 것이 주님의 계획이었다.

주님의 구원에 한참 못 미치는 인생을 유지하려 여러분은 얼마나 애썼는가! 주님의 축복의 두 번째 부분을 얼마나 무시했는가! 주님께서는 한 번도 여러분이 단지 죄와 그 끔찍한 속박으로부터 구원되기를 뜻하시지 않았다. 그리고 주님께서는 여러분과의 진정한 친밀함이 시작되고 주님의 생명이 여러분의 생명을 정복하는 약속의 땅으로 들어가기까지, 여러분을 포기하지 않으실 것이다.

이 완전한 구원은 휘장 안에서 드러나기 시작한다. 이제 모든 게 이전과는 달라 보인다. 주님과 함께 앉아 인류의 광대함을 둘러 볼 때, 교회마저 새로운 차원으로 보이게 된다. 주님의 관점에서는 전적으로 달라 보인다. 사실, 교회에 대한 여러분의 시선과 이해가 얼마나 순식간에 달라졌는지 놀라서 말이 나오지 않을 지경이다. 여러분은 이제 지성소의 다음 비밀을 발견할 차례다. 바로 교회의 비밀이다.

◆ 관련 성경 구절

시 14:7, 53:6

히 9:28

빌 4:13, 2:13

삼하 22:30

시 18:29

사 61:1-3, 58:12

계 22:2

욜 2:25

렘 16:15, 29:14, 암 9:14

출 3:8, 17, 레 20:24

Secrets of the
Most Holy Place

13장
교회의 비밀

여러분이 평생을 살면서 이러한 폭풍은 본 적이 없다! 번개가 하늘 이쪽에서 저쪽까지 줄무늬를 새기면, 검은 하늘에 주기적으로 불꽃이 튀긴다. 성난 뇌운(雷雲)은 급한 물줄기로 지구를 강타한다. 빛이 번쩍일 때마다 어둠 속에 빛나는 우박과 진눈깨비들이 보인다. 멀리서 치는, 후두음 같은 천둥 소리는 땅을 가로질러 으르렁대며 여러분의 혼을 흔들어 놓는다. 이 우레와 같은 카리스마에 복종해야 한다는 것을 자연은 아는 듯하다. 살을 에는 듯한 바람과 혹독한 빗줄기 앞에, 나무들도 몸을 굽혀 절한다.

간절히 수평선을 살펴보다가, 조만간에는 이 폭풍이 끝날 징조가 없음을 알게 된다. 동쪽 산맥 정상 바로 위의, 멀리 귤빛 황금의 조각을 얼마나 보고싶어 했던가. 소요는 계속되고 있다. 여러분의 마음속에 생긴 두려움과 불확실성이 아니었다면, 거의 단조로운 일이었을 것이다.

이렇게 격노한 자연의 연발 사격 가운데, 사람들은 광적으로 어떤 구조물, 곧 이 폭풍으로부터 스스로를 보호할 무언가를 세우려는 노력을 하는 듯하다. 빛이 번쩍일 때마다 허둥지둥 급조된 이 구조물 안으로 옹기종기 모여드는 수십 명의 사람들이 보이기 시작한다. 지칠 줄 모르는 바람은, 아무렇게나 생긴 건물들 사이의 큰 틈으로 얼음 같은 빗물을 쏟아 붓는다.

어둠 속에 깨어지는 건물들에 비가 던져지듯 내린다.

가족들은 함께 서있다. 어떤 이들은 서로 엉겨 담요를 덮은 채, 어떤 이들은 젖은 코트 속에 작은 아이들을 붙든 채로 말이다. 겁먹은 꼬마 아이들의 훌쩍임이 이따금씩 들려오지만, 위로할 방법은 거의 없다. 아무도 꼼짝하지 않는다. 여러분은 그저 멍해지고, 폭풍 앞에 절망적으로 애쓰고 있는 인간들만 보인다.

이 광경이 무슨 의미인지 알 수 없는 여러분의 심장은 두근두근 떨려온다. 휘장 속으로 발을 디딘 후 여러분은 이미 놀라운, 심지어 영광스런 일들을 많이 봤다. 그러나 이건 다르다. 왜인지, 이제 눈앞에 보일 일이 마음에 들지 않을 거라는 생각이 든다.

미명이 가까워오자, 이제 활기 없는 검정색이 음침한 회색과 교대한다. 폭풍은 아직 한 순간도 고삐를 늦추지 않았다. 비와 얼음이 바람에 날리고, 일하는 자와 바라보는 자 모두를 세차게 후리고 있다. 지면 위를 신속히 움직이는 안개는 이 절망적인 장면에 유령의 느낌을 더해 준다. 이른 새벽에는 더 많은 사람들의 형상이 나타난다.

그런데 아주 난처한 일이 벌어지고 있다. 번쩍이는 번개만으로 보이는 것이 제한되는 밤에, 여러분은 일어나는 일들에 대한 전혀 다른 생각을 갖고 있었다. 20~30명의 사람들이 피난처를 짓고자 함께 일하고 있다고 생각했다. 불신에 가까운 상태에서, 20~30명의 사람들이 함께 미친 듯이 일하는 광경이 아닌, 20, 30 혹은 50군데의 다른 작업장이었음을 여러분은 보게 된다.

이 사람들은 함께 일하는 것이 아니다! 너무 가까워서 거의 닿을 듯 위치한 작업장들 간에도 서로 이야기가 오가지 않는다. 이들은 작업장 간에 협력 없이 일하고 있을 뿐 아니라, 각 작업장 내에서도 일정 수준의 무질서를 드러낸다.

폭풍은 의사소통을 곤란하게 만들어, 시도를 하는 사람도 거의 없다. 작업이 허겁지겁 이뤄지고, 난잡하게 되어 피난처 세우는 노력에는 하나도 결실이 없다. 혼란이 얼마나 심각한 지경인지 한 무리가 벽면 하나를 세우면, 바로 1m 정도 떨어진 곳에서 그 벽을 무너뜨리는 무리가 있는 것이다.

각자 자신이 하는 일에 대한 확신이 있는 듯하지만, 진정 이뤄지는 것은 거의 없다. 각자 추진 계획을 세워 두었으나, 다른 이들의 작업에는 전혀 관심이 없는 듯하다. 통분하며 여러분은 주님께 향한다. "최소한 다른 사람들이 하는 일을 이해하려고 힘씀으로써 무언가 유익을 얻지 않을까요?" 그러나 주님께는 그 소리가 들리지 않은 듯, 환상은 계속된다.

아침이 밝아온다. 이것을 밝다고 말할 수 있다면 말이다. 구름은 낮게 떠서 땅에 대한 화를 쏟아내고 있다. 더 신경 쓰이게 하는 것은, 시야가 밝아지고 있다는 것이다. 왜 그런 건지, 일부 벽을 짓는 사람들은 바라보고 있는 사람들을 드문드문 이쪽 저쪽에서 한두 명씩 잡아 끌어서, 건축에 동참하라고 할 뿐 아니라 벽의 일부가 되라고 밀어붙이고 있다.

무자비하게 패고 굴복시켜서, 건축자들이 선택한 홈에 이 불쌍한 사람들을 끼워 넣으려는 것이다. 건축의 과정 중 이 사람들은 홈에 맞지 않는다는 이유로 싫다고 내던져진다. 때로 돌들과 토막들도 버려진다. 무작위로 무리 가운데 집어 던져져서, 날아오는 파편에 맞아 다치고, 사지를 잃거나 심지어 죽는 사람들도 있다.

여러분은 주께 부르짖는다. "이게 무슨 일인가요? 이들을 도와줄 사람은 진정 없나요? 해답을 가진 사람이 없나요?" 좌절한 여러분은 하나님께 쏟아 낸다. "이 위기의 때에 교회는 어디 있는 거예요?" 응답이 날카로운 물줄기처럼 즉각적으로 임하는데, 그것은 여러분의 양심적 이성에는 수용하기가 너무 어려운 것이다.

"네가 보고 있는 것이 교회다. 혹은 인간들이 수세기 동안 교회라고 불러 온 것이다. 이 세상의 폭풍이 그들을 나에게,

혹은 서로에게 데려온 것이 아니라, 교만과 완고한 마음이 스스로만이 아닌, 사랑하고 품도록 부르심받았다고 너무나 확신한 모든 이들을 파멸시킨 자결(自決)로 이끌었다."

"주를 기다릴 시간이 없는 인간들은 성소의 촛대가 비춰서 보인 부분적 인식에 따라 건축한다. 더 나쁜 경우, 많은 사람들은 과거에 남겨져, 옛 양식을 따라 짓는다. 왜냐하면 그들의 시간은 끝났기 때문이다. 그들은 이 수준에서 하나님의 깊이를 절대 분별할 수 없다. 성소 안의 교회에 대한 것을 결코 분명하게 이해하지 못한다. 단순히 빛이 그 곳에 없기 때문이다."

정확히 말하자면, 하나님의 백성을 위해 안전한 곳을 마련하려 애쓴 극소수가 있다. 휘장이 걷혀 예수의 참된 주권을 본 사람들이 있다. 평판을 바라지도, 어떤 안건(案件)을 주장하지도, 주님의 사랑 외에 어떤 동기도 가지지 않는, 참 교회 생활을 체험한 이들이 이곳 저곳에 있었다.

여러분이 감정을 억누르려 애써도, 화가 나는 것을 도저히 어쩔 수 없다. 여러분은 메시아 예수께서 지으시리라 하신 그 교회와 차원이 다른 교회의 정의를 받아들인 것이다.

여러분의 마음에 부드럽게 말씀하시는 주님의 음성이 들린다. "이렇게 해야만 하니 나도 마음이 쓰인다. 그렇지만 이해하려면, 너는 진리를 알아야 한다. 휘장 안의 것이 아닌 방법으로 지은 모든 것은 교회가 아니다. 내가 **내 교회**를 지을 것이니 지옥의 권세가 대적하지 못할 것이라고 하지 않았니? 교회는 천년 왕국을 위한 것이 아니라고 말하는 나를 용서해라. 미래의 어떤 세대를 상대하는 것이 아니다. 이 교회는 너희를 향한 내 언약의 축복의 일부다."

"내가 상처 주고 괴롭게 하며, 율법주의와 죄의식을 부여하는 교회들은 내가 지은 게 아니라고 해도 놀라지 말아라. 간음과 중상, 혹은 한담에 흥청대는 성도가 있는 교회들은 내가 지은 게 아니다. 늑대들이 양을 삼킬 수 있게 되어 있는 곳은 내 작품이 아니다. 내가 짓는 교회는 내 능력으로 변화받고자, 그래서 내 능력에 순복하고자 하는 자들의 상한 심령으로 지어지는 것이다. 이들은 아침 이슬처럼 풍성해질 것이다. 내 목적을 위해 쓰여야 할 내 백성의 돈을 짜내고 훔쳐가는 종교적 협잡꾼들에게 기만당하는 형제들을 내 교회는 가만히 앉아 지켜보지 않는다."

"내 교회는 폭풍으로부터의 안식처다. 쉼과 힘의 장소다. 내가 짓는 교회는 사랑과 긍휼로 강성하다. 이 교회 안에는 대로가 있다. 거룩함의 대로다. 부정한 자들은 그 위를 걸을 수 없다. 왜냐하면 주님의 구속을 받은 자들만을 위한 곳이기 때문이다. 그들은 인간의 압박과 구속으로부터 자유롭게 이 곳을 다닐 것이다. 이 교회 안에는 멸망시킬 자도 없을 것이고, 하나님의 백성을 갈갈이 찢어버리려 숨어 있는 사자도 없을 것이다. 거기서 내가 친히 내 백성이자 양떼인 이스라엘을 돌볼 것이다. 거기서 내 백성을 내게로 모을 것이다. 그리고 그곳은 너희가 세울 수 있는 어떠한 벽보다 성령의 역사가 강력할 것이다. 나는 제사장들을 구원으로 옷 입히고, 성도들은 기쁨으로 소리치게 할 것이다."

우리가 주님의 교회라고 안쓰럽게 불러온 그것을 묵과하려, 온갖 보잘것없는 핑계들을 대고 서툰 노력을 했던 것으로 인한 주님의 지친 마음을 여러분은 이해하기 시작한다.

여러분의 심장은 즐겁게 뛴다! 가능한 것이다. 예수께서는 그분의 교회를 지금 이곳에 세우기를 원하신다. 지옥도 어찌할 수 없는 교회 말이다.

이제, 목회자가 자기 교회가 마귀의 공격을 받았다고 선포하는 것은 얼마나 이상한가. 그의 무리가 파괴됐을 수는 있다. 그러나 그것이 진정 주님의 교회였다면, 마귀는 건드릴 수도 없다. 이것은 육적인 사람들에게는 복음이 아니다. 폭풍 속에서 인도하심 없이, 기름 부으심이나 도우심 없이 부지런히 건축하고 있던 자들에게는 복음이 아닌 것이다.

목재와 건초, 그루터기로 된 아름다운 축조물이 수세기 동안 주님의 이름으로 세워져 왔다. 그렇지만 이 환상에서처럼, 그것들은 폭풍 속에서 보호받거나 유지될 수 없다. 왜냐하면 주님의 소유가 아니기 때문이다.

인내를 가져보자. 주님께서는 확고하시다. 그분의 교회를 지으실 것이다. 그렇지만 그것은 휘장 안에서부터 깨어지고 통회하는, 사욕이나 영광에 대한 갈망 없는 그릇들로 지어질 것이다. 우리는 주님의 교회, 바알에게 무릎 꿇지 않고 바빌론과 그 악과 더불어 눕지 않은 처녀 교회의 등장을 보게 될 것이다. 이 교회의 임함을 볼 때, 우리는 그 아름다움과 영광, 강력한 성품과 목적, 그리고 예수와 깊고 깊은 사랑에 빠진 모습을 볼 수 있을 것이다.

◼︎ 관련 성경 구절

마 16:18
사 35:8-9
겔 34:11-12, 렘 31:10
시 132:13-16
롬 11:4, 계 18:2-3

Secrets of the
Most Holy Place

14장
휘장의 비밀

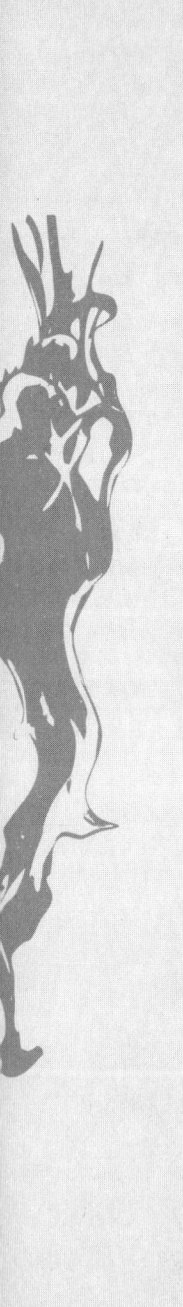

두말할 것도 없이, 이 여정에서 가장 정의하기 어렵고, 심지어 가장 답답한 부분이 휘장이다. 주님의 영원한 계획에 있어 그 위치와 기능에 대한 적합한 설명이나 단서가 거의 없다.

　　휘장 안 속죄소에 주님과 함께 앉았을 때 주님께 여쭙게 된다. 주 예수와 함께, 여러분은 찢어진 휘장 밖을 내다본다. 성소를 들여다보니 바깥 뜰 너머로 큰 무리의 사람들이 보이는데, 주님께서 지난 체험을 기억나게 하신다. 주님께서는 여러분을 그분께로, 속죄소로 이끄시면서 접근할 수 없는 빛으로 덧입혀 주셨던 그 날을 상기시켜 주신다.

　　여러분은 주께서 동일한 체험으로 이끄실 것을 인지한다. 이번에는 계시의 영이 여러분이 휘장 안에 발을 들여 놓음으로써 다가갈 수 없는 빛으로 옷 입었던 그 영광의 날에 일어난 일들보다 더 큰 것들을 보게 하실 것이다.

　　여러분은 성전 주위를 걸으며 간절히 해답을 구하고 있었던 것을 기억한다. 그 때 여러분을 움직이던 힘이 무엇이었는지 정확히 기억나지 않지만, 그 고통의 깊이와 끔찍하도록 절실했던 갈구는 떠오른다. 자연적이고 유한한 만물의 세계인 바깥 뜰을 살펴보지만, 답이 없다.

　　성전 안이지만 하나님께로부터는 멀리 떨어져 있는 이 바깥 뜰에서 일종의 죄 씻음 외에 얻는 것은 거의 없다. 물론 자연적인 것이 아닌 영적 씻음을 말하는 것이다. 여기에는 휘장 안에서부터 임하는 도우심이 없다. 이렇게 죄로부터 씻겨지는 것을 빼면, 여러분은 삶을 살아가고 상황들 가운데 최선의 행동을 분별하는 데에 있어서 스스로의 기지와 지혜에 의존하게 돼 있다.

여기 바깥 뜰에 셀 수 없는 사람들이 모여 있다. 이곳은 충분히 안전한 지경이다. 최소한 성전 건물 안이고, 보통의 격동하는 것들로부터 멀리 있으니까 말이다. 그것이 하나님을 떠난 보통 인생 아닌가? 그러나 모든 것이 지나가 버리는 육적인 세계에서는 책임도, 사명감도, 그것들에 대한 갈망도 없다.

사명감과 의무를 감지하는 사람들은 이 좁은 종교적 체험의 구역에 오래 머무르지 않는다. 그들은 더 멀리 내다볼 수밖에 없는 것이다. 씻음받는 것으로 만족하지 않는다. 변화를 원하고 거룩해지고 싶어한다. 주님을 섬기기를 원한다. 정말 중요한 것은, 그들이 그저 주님을 원한다는 것이다. 여러분이 그런 것과 똑같이 말이다! 그리고 바로 여러분의 경우처럼, **필요**가 다른 모든 것을 뛰어넘는 원동력이다. 여러분은 여러분이 아는 한 주님을 기쁘게 해드릴 모든 것이 되고 싶다. 그러나 그럴 수 없다. 살과 피는 주님의 왕국을 무르지 못한다.

여러분은 자문한다. "누가 살과 피로 삶을 살고 싶겠는가? 누가 이에 만족하는가?" 이 질문과 함께, 여러분은 다시 여정으로 녹아 들고, 도우심을 구하기 위해 발걸음을 이어간다. 주님을 찾으려는 것이다.

성소로 들어가며, 여러분은 막 중대한 일이 벌어졌음을 감지한다. 그저 한 방에서 다른 방으로 이동한 것이 아니다. 전혀 다른 세계, 육신과 모든 자연적 원리에 제한되어 있지 않은 세계로 발을 디딘 것이다. 주님의 영이 여러분의 전(全) 존재, 모든 행동, 모든 생각 가운데 침투하는 곳으로 들어온 것이다. 이곳은 신나는 지경이다. 돌아보면 사방이 생명으로 넘쳐나고 있다. 주님을 체험하는 것이 가능하지 않을 거라고 생각해 왔는데, 이제 그분이 가까이 계심을 감지한다.

자연의 것도 육신의 것도 아닌 이 영혼의 세계에서, 주님의 영은 여러분의 영과 더불어 증거한다. 처음으로 여러분은, 자신이 주님의 것임을 알게 된다. 여기서 주님의 도우심과 인도하심을 체험한다. 메시아 예수의 임재가 실재로 다가오는 것이다! 주께서 여러분의 몸을 고치신다. 여러분의 혼을 고치신다. 주님의 임재가 여러분에게 위로가 된다. 주님의 영은 여러분과 여러분 가까이에 있는 이들에게 기적을 행한다. 주님께서는 여러분에게 말씀하시며 격려하신다. 항상 여러분과 함께 계신다. 여러분이 밤중에 깨어 있을지라도, 가까이 계신 주님이 느껴진다. 여러분에게 주님을 보여 주고자 하시는 것이 그분의 기쁨이다. 여러분의 기도에 응답하시는 것이 주님의 기쁨이다.

이 세계에서는, 주님과의 쌍방향 교제를 매일처럼 체험할 수 있다. 바깥 뜰 혹은 자연적 세계에서는, 이런 교제를 찾아 볼 수 없었다. 거기서 인간은 오직 자신의 필요에만 반응한다. 기도는 모든 육체적 가능성이 소진되어 버린 후 마지막으로 간절하게 의지하는 것이다.

바깥 뜰에서의 기도는 그저 성소에서 가능한 관계를 가장한 형태의, 기계적이고 반복적인 종교 교리에 불과하다.

그러나 이러한 실재와 동요 가운데에도, 하나님의 임재 중에도, 연속적으로 일어나는 듯한 기적들이 있음에도 불구하고 뭔가 소동 같은 게 있다. 여기에서는 모든 게 보이는 것과 다르다. 모든 게 우리 생각처럼 목가적이지 않다. 주님의 임재가 너무나 실재적이지만, 주님의 영이 여러분의 영에 증거를 주지만, 성소는 이중적인 지대이기 때문이다. 바깥 뜰은 오로지 육체적인 곳이다. 그러나 이 곳 혼의 세계에는 육과 영이 공존한다.

그리고 육과 영이 충돌을 일으킨다! 육이 영과 반목하고 있기 때문에 결코 평화가 없다. 갈등은 지속된다. 여기서는 육신이 필사적으로 여러분 영의 주의를 마음의 참 기쁨으로부터 흩으려 쉼 없이 유혹한다. 그렇기 때문에 주님의 임재를 계속 감지할 수 없는 것이다. 이 세계에서는 육과 영의 전쟁이 치명적으로 이어지고, 영과 육의 경쟁 가운데 감정은 최고와 최저를 오르내린다. 이 세계에서는 종종 정죄와 혼란이 강한 확신과 섞이기에, 여러분은 정말 누구를 섬기고 싶은지 결정을 못 내린다.

그렇지만 궁극적으로 볼 때, 여러분의 실망감과 좌절감은 일시적인 것이다. 왜냐하면 이러한 감정들이 여러분을 인도해 주님을 더욱 완전하게 발견하고자 하는 의지로 이끈다는 것은 알기 때문이다. 여러분은 이 이중성이 여러분과 맞지 않는다는 결론에 이르렀다. 여러분은 싸우도록 지음받지 않았다. 승리해 주님의 임재 속에서 쉬도록 지어진 것이다. 여러분은 성소를 넘어 이동해야 한다.

애초에 주님을 향한 여러분의 탐구가 여러분을 바깥 뜰로 이끌었음이 기억난다. 주님을 향한 감당할 수 없는 열망 때문에 그 자연 세계에서 만족할 수 없었던 것이다. 깊은 속에서, 그 쉼 없는 갈망이 여러분을 감싸 안는 것을 느낀다. 여러분이 감사하지 않는다는 이야기가 전혀 아니고, 이 이중성은 여러분의 마음이 갈망하던 그것이 아니라는 말이다.

여러분은 해답이 필요하다는 이야기를 여러 번 했다. 이제 성소에서의 모든 시간이 지난 뒤, 찾고 있는 해답이 정말 주님이셨음을 여러분은 깨닫는다. 고작 여러분의 호기심을 채워줄 토막 지식이 해답이 아니었음을 알게 된다. 해답은 메시아 예수 그분이며, 그 안에 모든 지혜와 지식의 고귀한 것들이 숨겨져 있다.

내적 불만족으로 인해 여러분은 진퇴양난에 빠진다. 모든 것이 끝나게 되는 자연 세계 곧 바깥 뜰은 여러분을 만족시키지도 못했고, 그럴 수도 없었다. 여러분에게 필요한 답이 거기에는 없었던 것이다. 그 좌절로 인해 여러분은 놋대야를 지나 혼과 영의 세계인 성소까지 들어왔다. 거기서 여러분은 처음으로 주님을 체험했고, 여러분을 향한 주님의 사랑을 전혀 다른 방식으로 이해하게 됐다. 그러나 여전히 거기도 육이 존재했고, 죄도 왕성하게 활동하고 있었다. 여러분은 존재조차 깨닫지 못했던 수준의 능력을 체험했지만, 여전히 부족함을 느꼈다. 무언가가 채워지질 않았다.

우아한 수정 가게 안에서 두리번거리고 있는 황소 같은 기분이 든다. 죄는 이제 여러분을 더 이상 지배하지 못할 줄 알았다. 그런데 여전히 때때로 괴롭히고 있었다. 여러분은 규정과 율법이라는 곧고 좁은 길을 가려 애썼다. 그런데 항상 어딘가에 부딪히는 것 같다. 예수께서 하라고 시키신 것은 뭐든 다 하고 싶었는데, 항상 왜 그런지 주님의 인도를 빠져나갈 핑계를 찾게 됐다. 정말 그러기 싫었지만, 왜 그런지 자꾸 그렇게 돼버렸다! 이 세계에서 여러분은 사랑이 쉽고 자비는 저절로 흘러나올 줄 알았다. 여전히 여러분 인생의 일부가 될 이 곳에서의 갈등과 저항을 결코 인식하지 못했다.

이러한 생각들을 곰곰이 하는 중, 여러분의 모든 저항, 반박, 반항이 사라질 때까지는 결코 삶에 대한 만족이 없으리란 것을 알게 된다. 전진해야 하는 것이다.

지성소의 휘장에 다가갈수록 여러분의 마음은 주님을 향해 쿵쿵 뛰기 시작한다. 오직 주님께서만 여러분을 여러분 자신으로부터 구하실 수 있음을 안다. 주님께서만 그 내면으로부터 여러분을 변화시키실 수 있다. 여러분은 스스로를 변화시킬 수 없다. 스스로 순종 혹은 복종하게 만들 수 없다. 순식간에, 바닥에 진홍빛 반점들이 보인다. 즉각적으로 여러분은 그 반점들이 주님의 보혈 자국임을 알 수 있다. 그것들을 따라가다가 휘장 앞에서 사라진 모습에 슬픔의 한숨을 내쉰다. 여러분은 주님을 원한다. 주님으로 덧입혀지기를 간절히 바란다. 휘장에 기대어 주님께 부르짖으니, 눈물이 가득 차오른다.

불현듯 마음속을 파고드는 생각이 있다. 그 생각은 충격적인 아픔과 함께 여러분의 영혼 가운데 깊이 울려 퍼진다. 무릎을 꿇고, 갈망과 사랑의 마음으로 보혈 자국들에 최대한 부드럽게 손끝을 댄다.

"주님께서 죽으셔야 했어." 그 현실감에 벌벌 떨며 다시 한 번 말한다. "예수께서 죽으셔야 했어. 아버지의 뜻을 위해 그분의 뜻을 내려놓으셔야 했어. 생명의 대가를 치르고서라도 그 사명을 받아들이셔야 했어."

마음속 깊은 곳에, 이제는 그 깊은 관계를 정말 원한다면 여러분 자신의 목숨도 대가로 치러야 한다는 지식이 있다. 여러분은 스스로에 대해, 여러분이 원하는 모든 것에 대해, 여러분이 지키기로 한 모든 아픔과 두려움에 대해, 지금껏 오랫동안 의존해 온 쓴 뿌리에 대해 죽어야 한다. 회개해야 한다. 다른 길은 없다.

이것이 여러분의 해답이다. 여러분이 기다리던 것이다. 여러분은 주님을 원한다. 아, 얼마나 그분을 기쁘시게 해드리고 싶은가, 얼마나 그분께 흠 없이 보이고 싶은가! 그 유리 가게 앞의 늙고 어색한 황소처럼, 여러분은 성소에서의 행동과 반응들을 기억한다. 뜬소문들이 여러분을 붙잡던 기억이 떠오른다. 여러분의 분노, 속임수들이 생각난다. 절제할 수 없는 화, 뾰로통한 모습, 거짓말과 이기적 반응 및 자기 중심적 삶의 방식을 떠올리니 부끄럽다. 비판적 태도들과 무자비한 행동들을 생각하니, 고개를 들 수 없다. 주님께서 사시도록 하려면 여러분이 죽어야 한다. 모든 면에서 주님을 기쁘시게 하려면, 여러분을 주님으로부터 떨어뜨려 놓는 이 모든 자기 중심적 마음가짐에 대해 죽어야 한다.

여전히 무릎을 꿇은 여러분은, 낮게 엎드려 눈물로 통회한다. "제 삶의 주인이 되어 주십시오. 그렇게 육신적 절규를 드러내며 끔찍히 이기적으로 행한 것을 회개합니다. 제 삶을 스스로 다스리고 주님의 뜻을 거부한 것을 회개합니다. 다시는 주님의 권세를 빼앗지 않고, 모든 상황에서 주님께 행동과 반응의 방법을 배우게 하옵소서."

여러분의 심령은 슬픔으로 깨어지고, 여러분의 마음에서는 크나큰 오열이 터져 나온다. "제 안에 주인이 되어 주십시오. 다스리고 통치하시옵소서. 오 주님, 제 삶의 보좌를 취하소서." 마음의 고통은 찌르는 듯하고 감당할 수 없다. 갑자기 자아의 깊은 데서 크고 무정하게 찢는 소리가 들려온다. 여러분의 양심이 모습을 감추니, 주님의 음성이 멀리서 들린다. "옷이 아닌 마음을 찢으라. 그래야 온전히 나의 소유가 되리라."

잠시 후 깨어나니 눈앞에 고통스럽도록 빛나는 천 개의 태양이 있다. 여러분은 인기와 명예, 존경심과 위신을 주었던 모든 것들을 어떻게 제했는지 기억한다. 그 접근할 수 없는 빛으로 덧입혀지고 메시아 예수의 현현이 있는 속죄소로 이끌렸던 짜릿함이 아직 기억난다.

그러나 이제 무슨 일이 일어난 건지 안다. 주님께서는 겨우 바깥 뜰에서 여러분의 구원자가 되신 것이 아니라, 겨우 성소에서 여러분의 치료자(治療者)요 회복자가 되신 것이 아니라, 여러분의 육체와 자의지(自意志)의 휘장을 찢고 주님이 되셨다. 여러분의 의지라는 휘장을 뚫고, 여러분 마음속의 보좌를 차지하신 것이다. 주님께서 다스리실 때에는, 그곳에 주님의 보좌가 있기 때문이다.

여러분은 스스로 삶을 운영하겠다는 권리를 포기했다. 삶의 보좌를 주님께 내어드렸다. 이제 주님께서 여러분 대신 다스리신다. 주님께서는 왕 중 왕이시다. 여러분의 왕이시다. 만주의 주인이시다. 여러분의 주시다. 여러분의 마음의 휘장은 위부터 아래까지, 둘로 갈라졌다. 이제 여러분 마음속 가장 깊은 곳에, 주님께서 그분의 보좌를 두셨다.

그 자리에 앉았을 때 만들어 놓은 아수라장을 보고, 여러분이 육적인 의지로 얼마나 주님의 목적에 반역해 왔는가 이해하니, 스스로의 행위에 역겨움을 느끼고 삶의 보좌로부터 재빨리 내려오게 된다. 주님께 통제를 부탁 드린다. 다스려 주시라고 부탁 드린다. 주가 되어 주시라고 말씀 드린다. 여러분의 보좌를 기쁨으로 내어 드릴 것이다. 주님의 발 아래 앉아, 그분을 경배하며 그분께서 기뻐하시는 모든 일을 여러분과 함께 하시는 것에 만족할 것이다. 주님의 보혈은 보좌까지 가는 길에 쭉 뿌려질 것이다. 여러분의 보좌 말이다. 주님께서는 완전한 구속의 길을 내셨다. 몸과 혼, 영의 문제가 해결됐다. 주님의 크심과 자비로 여러분은 구속됐다.

이제 주님의 발 아래서, 여러분은 하나님의 사랑의 힘을 이해하기 시작한다. 오직 그 사랑만 여러분을 앞으로 이끌 수 있다. 오직 그 사랑만이 여러분의 마음을 주님으로 인해 고동치게 하고, 여러분의 의지를 그분께 내려놓게 한다.

그러나 주님께서는 여러분을 발 아래 내버려 두지 않으실 것이다. 그분의 임재로 여러분을 두르시고 보좌로 다시 데려오실 것이다. 믿을 수 없고, 이해가 안 된다. 숨이 막혀 온다.

"주님! 주님, 저는 제 삶을 다스릴 수 없어요. 제가 얼마나 난장판을 쳐놨는지 보세요! 잊어버리셨어요? 제 반역을 기억하지 못하세요? 어떻게 저를 다시 부를 수 있으세요?"

부드러운 확신과 여유 있는 미소로 주님께서 응답하신다.

"깨어지고 통회하는 심령이 나의 기쁨이다. 자신의 육신의 휘장을 찢은 사람은 가치를 측정할 수 없는 교훈을 배운 것이다. 영원한 사랑이 홍수처럼 밀려들도록 문을 연 것이다. 내 생각은 너희 생각 위에 있고, 내 길은 너희 길 위에 있다. 이제 그것을 알 것이다. 깨달아서 너희를 내 주권에 바친 것이다."

"그런데 왜…" 여러분이 끼어들지만, 주님께서는 상관 않고 말씀을 이으신다. "나는 살아 있고 사랑 가득한 하나님이다. 무심하고 순종적인 육체들이 나를 섬기는 것에는 관심이 없다. 나는 너희 과거가 필요하다. 너희 경험이 필요하다. 내가 지난 세월 동안 너를 이끌어 훈련하고 교육했다. 아주 가치 있는 시간들이었다. 중요한 시간들이었다. 내가 그 시간 동안 너희에게 가르친 것들로 인해 너희가 지금 이 순간에 준비된 것이다."

"이제 너희 뜻을 내 뜻에 굴복했으니, 우리는 함께 다스리고 통치할 수 있다. 이제 우리의 영원한 연합을 바로 시작하자. 그러니 이리 오너라. 이리 올라와 너희가 내게 버리고 갔던 보좌에 앉아라. 너희는 이제 다른 사람이다. 동기들이 변화됐다. 소망과 꿈도 바뀌었다. 너희 반응들은 달라졌다."

"가장 거룩한 이 곳에 함께 앉아 아버지의 영광을 위해, 그 뜻을 따라 다스리고 통치할 수 있도록 이리 오너라. 왜냐하면 아버지께서는 너희를 온갖 영적 은사로 축복하기를 기뻐하시기 때문이다. 그것이 너희 운명이다. 너희가 휘장 안으로 들어왔으니, 주님의 초월적 임재가 통치한다. 이제 너희 생명은 하나님과 그분의 메시아 왕국에 속하게 됐다. 한때 너희가 다스렸던 이 왕국은 영원 무궁토록 내 주권 아래 있을 것이다."

여러분은 바깥 뜰 혹은 자연 세계와 그 세계가 주는 모든 것을 체험했다. 그리고 성소 혹은 영육의 공존 장소로 옮겼다. 거기서도 그 세계에서 체험할 수 있는 모든 것을 누려 봤다. 이제 여러분은 마음을 찢고 삶의 의지를 모두 주님 앞에 깨뜨렸다.

여러분을 영원으로 데려다 줄 모험이 시작됐다. 바깥 뜰의 충만함이 성소 안에 있는 삶의 초입에 불과했듯, 성소의 충만함은 여러분 마음의 휘장 안 속죄소에서 주님과 더불어 체험할 수 있는 모든 것의 시작에 불과하다.

여러분은 촛불이 빛나는 성소에서의 것들보다 더 나은 사실이 있다는 것이 도저히 상상이 안 된다. 물론 더 나았으면 좋겠지만, 어떻게 그럴 수 있겠는가? 여러분은 이제 또 다른 지성소의 비밀…주님의 사랑의 비밀을 발견하게 될 것이다.

관련 성경 구절

고전 15:50

롬 8:16, 7:15-24

골 2:2하-3

눅 22:42

벧후 3:14

욜 2:13

계 19:16

마 27:51, 15:38

시 51:17

사 55:8

엡 2:6, 1:3

골 1:19

Secrets of the
Most Holy Place

15장
하나님의 사랑의 비밀

여러분은 스스로의 의지적 능력, 육신의 능력을 발견했다. 거의 이해 불가한 수준이지만 사실인 것이다. 여러분 자신의 주도 의지는 하나님의 율법의 능력보다 강하다. 주님의 법도는 여러분의 육신에 복종될 수 없다. 주님의 법이 여러분을 제어하는 것이다. 여러분이 얼마나 그분께 순종하고 싶은지는 문제가 아니다.

하나님의 율법은 여러분의 자유분방한, 육신적인 삶을 굴복시킬 수 없다.

주님을 기쁘시게 하려면, 그리고 거룩함과 순결함 가운데 행하려면, 여러분의 육신보다 강한 힘, 율법보다 강한 힘을 찾아내야 한다. 하나님의 완전하도록 충만하고 위엄 있는 사랑을 찾아야 한다. 오직 주님의 사랑만 죄악을 이겨 낼 수 있다. 주님께 기쁨이 되지 않는 모든 것으로부터 여러분을 떨어뜨려 놓을 힘이 그 사랑에만 있다.

그렇기에 여기서는 저항할 수 없이 주님과의 사랑에 빠져 버리는 것이다. 주님의 사랑이 이제 여러분을 복종시킨다. 여러분을 통제한다. 그분의 사랑이 여러분으로 하여금 육신을 떠나 행하게 한다. 여러분은 더 이상 육신과 씨름하지 않을 것이다. 그것을 떠나 돌아서서, 주님의 사랑 속으로, 주님의 충만함 속으로 향할 것이다. 여기서 주님과 함께, 여러분은 사랑으로 변화되고 죄악의 목 조름은 완전히 깨어진다. 여러분은 주님께 신실할 수 있으며, 신실하게 될 것이다. 여러분은 주님의 인정을 갈구하는 죄인이 아니다. 여러분은 주님의 보혈로 씻겨진 아들이요, 여러분을 향한 주님의 큰 사랑으로 승리를 얻게 됐다.

배우자에 대해 신실하도록 지켜 주는 그 사랑, 특별한 사람에 대해 전적으로 헌신할 수 있도록 해주는 그 사랑이 여러분의 주님께 대해서도 신실하고 헌신되게 해주는 것이다. 항상 죄를 지어야 하고, 항상 부족에 시달려야 한다는 불의한 교리를 근절시키기로 여러분은 결단했다. 여러분이 부족을 느낀 건 예수를 만나기 전까지였다. 하나님께서 우리가 그분의 영광에 부족을 느끼도록 아들을 보내셨는가? 우리가 계속해서 그분께 성실하지 못하도록 하시려 아들을 죽이셨는가? 여러분은 그렇게 생각하지 않는다.

새 언약이 주는 약속은 주님 앞에 우리 마음을 깨끗이 하고, 그 깨끗한 상태를 유지하는 능력을 뛰어넘는 것이다. 주님의 사랑의 능력은 새 언약을 통해 임한다. 이 사랑이 여러분을 거룩하도록 해주는 것이다. 주님을 기쁘시게 하고자 하는 이 강력한 갈망 때문에, 여러분을 묶고 있는 죄악을 끊어 낼 힘이 그분의 사랑에 있는 것이다. 여러분은 더 이상 죄악의 끔찍한

마수를 헤쳐 나가려 애쓸 필요가 없다. 주님의 사랑이 여러분을 자유롭게 한다. 주님의 사랑이 여러분을 자유 안에 거하게 한다. 주님의 사랑은 휘장 안에 충만히 계시된다.

여러분의 상한 마음을 통해, 그리고 여러분의 육신의 휘장을 통해 진정한 헌신이 사랑과 순결한 행동으로 표출되는 것이다. 진정 다른 길은 없을까? 지금으로선 상상할 수 없다. 안다는 것을 알기에, 여러분은 죄악에 만족하는 것을 상상할 수 없다. 그렇게 가르치는 교리가 있다고 해도 말이다. 진정 그런 삶을 믿었다고 생각하는 것 자체가 못마땅하다!

이것이 혼인 관계에 대한 교리였으면 어떨까 상상하기 시작한다. "여보, 내가 당신을 얼마나 사랑하는지 알지? 내가 얼마나 당신에 대해 헌신된 사람인지 알지? 그렇지만 신실할 수는 없어. 그냥 나는 진실하지 못하겠어. 내가 당신을 사랑하고 섬기고, 당신과 친구가 되어줄게. 당신을 행복하게 하기 위해 할 수 있는 모든 걸 다 할거야. 그렇지만 신실하진 못하겠어. 나는 천성이 그래"라는 말을 배우자에게 한다는 것은 있을 수 없는 일이다.

배우자가 어떻게 반응해 올지 오싹하기만 하다. 그런데 주님께 신실할 수 없다고 생각했을 때, 여러분은 이런 말을 많이 했다! 이러한 관점에서, 여러분은 이 교리가 실상 얼마나 우스

꽝스러운 것인지 이해한다. 여러분은 신실할 수 있다! 전적으로 주님께 헌신할 수 있다! 그러나 여러분의 의지와 육적인 열망보다 강한, 우주에서 유일한 주님의 사랑, 그 힘을 통해서만 그렇게 된다.

여러분은 계속해서 주님 앞에 굴복하고, 주님과 사랑에 빠지기로 결심한다. 여러분의 기도는, 궁극적으로 주님의 사랑이 삶에 있어서 온전하고 강제적인 힘이 되었으면 하는 것이다. 주님의 사랑이 여러분의 생각과 행동과 소망과 꿈에 침투하는 것이다. 결국 주님의 사랑이 여러분에게 온전함을 주는 힘이 될 것이기 때문이다.

주님의 보혈은 우리를 지켜 주지만, 주님의 능력은 우리를 구원해 준다. 정확히 말하자면, 우리가 죄악과 씨름하는 게 영원해 보이지만, 휘장 속에 오래 머무를수록 너무나 쉽게 우릴 봉쇄했던 죄악으로부터 더욱 더 자유로워지는 것을 체험할 수 있다. 주님의 보혈은 계속적으로 우리를 씻어 주며, 주님의 능력은 계속적으로 우리를 자유롭게 한다.

오직 주님의 사랑만 우리의 가장 곤란한 실패의 때에도 주님께 가까이 있을 수 있는 믿음을 준다. 우리를 부르시는 주님의 음성을 이러한 때에 가장 또렷하게 들을 수 있는 것이다. "내게 오너라. 무거운 짐을 진 자여, 내가 쉼을 주리라."

■ 관련 성경 구절

마 11:28

Secrets of the
Most Holy Place

16장
주님의 나타나심의 비밀

언젠가 여러분은 자문했다. "내가 진정 이것을 체험하고 있다는 것인가? 이렇게 깊은 관계가 정말 가능한 것인가?" 더 깊은 그리스도인의 삶에 대해 이야기하는 것을 종종 들었지만, 영원의 이 편에 살면서 그러한 체험이 진정 가능한 것인지 여러분은 의심했었다. 그러나 이제 이쪽에 들어와서, 여태까지는 꿈만 꾸었던 주님과의 깊고 친밀한 교제를 즐기고 있는 것이다.

　　여러분은 버리는 단계를 지났다. 모든 것을 내려놓았다. 여러분은 주님께로 다가갔고, 그 소감은 놀랍기만 하다. 주님을 바라볼 때마다 매순간 스스로 변하는 것을 느낀다. 주님께서 여러분에게 알려 주고 싶어하시는 것들이 이렇게 놀랍고 많은지, 결코 꿈도 꿀 수 없었다. 주님께서 얼마 전에 해주신 약속을 떠올려 보니 놀랍다. "주님의 비밀은 주님을 경외하는 자들을 위한 것이고, 주님께서는 그들에게 그분의 언약을 알려 주실 것이다." 얼마나 좋은 언약인가! 얼마나 능력 있는가! 도저히 우리 인간의 머리로 인식하거나 이해할 수 있는 수준이 아닌 것이다!

　　이제 여러분은 주님을 더욱 온전하게 사랑하고자 하는, 타오르다 못해 고통스러운 열망에 사로잡혔다. "다른 무엇보다 주님을 알고 싶습니다. 어떠한 물질적인 것보다 중요한 것은 주님을 아는 것입니다. 주님. 주님을요." 여러분이 드리는 가장 정직한 기도는, 그분을 그분의 백성들에게 나타내시기를 기뻐하시는 주님께로부터 빠른 응답을 얻는다.

주님께서 영원의 커튼을 조금 더 당기사, 만물의 진정한 모습을 그대로 보게 해주실 때를 위한 준비가 되었다고 여러분은 확신하는가? 하나님 안에서 있는 그대로 보이는 만물의 모습은, 인간의 인식하는 그것과 같지만은 않기 때문이다. 그럼에도 불구하고, 오직 주님을 더 알고자, 더 보고자 하는 갈망만이 여러분을 움직인다.

기회와 적절한 정황만 주어진다면 반드시 여쭤 보리라고 확신해 왔던 질문은, 당연하게도 이제 너무나 불필요하고 부적절해 보인다. 이제 더 이상 주님의 재림이 언제일지에 신경을 안 쓴다는 말은 아니다. 이제 주님의 재림보다 현재를 더 생각하게 되었다는 것이다. 주님의 재림은 문자적으로 일어날 것이다. 그러나 각 세대에게 주어진 책임감은 주님께 있는 그것보다 적지 않음을 이해하게 되는 것이다.

각 세대에게는 주님께서 그 세대에 나타나시는 것에 대한 책임이 있다. 주님께는 종합 계획이 있다. 각 세대는 그 계획 안에서 놀라운 책임을 담당하고 있다. 각 세대는, 자신들이 태어날 때부터 주어진 성취 목표를 이뤄내야 한다. 각 세대는 하나님께서 마음에 정해 두신, 그들을 통해 하실 일들을 해야만 한다. 이제 얼마나 명확하게 보이는가. 머나먼 미래의 물리적 재림을 그냥 고대하는 것은 얼마나 간단한가! 그러나 우리가 후손들에게 넘겨준 부담은 얼마나 큰가 하는 것이다. 우리는 내일, 장래의 어떤 세대를 가리키며 그들에게 우리 스스로는 감당하고자 하지 않는 수준의 믿음과 계시를 요구해 왔다.

여러분은 스스로에게 물어본다. "오늘은 어떤가? 오늘은 어떻게 할 것인가?" 그리고 주님께서 반문하시는 것을 듣는다. "너희는 너희와 너희 조상들이 장래로 미뤄뒀던 것을 받아들이고자 하느냐?" 불현듯, 예수께서 하나님의 왕국이 가까이 왔다고 설교하신 것이 떠오른다. 세례 요한도 주님 앞에서 동일한 메시지를 선포했다. "나는 스스로 있는 자(I AM that I AM)다." 주님의 음성이 마음속에 고동친다. "나는 죽은 자의 하나님이 아니라, 산 자의 하나님이다. 오늘 네가 내 음성을 듣는다면, 마음을 굳게 하지 말아라!"

이제 수세기 동안 교회가 얼마나 끔찍하도록 무책임해 왔는지를 보게 된다. 얼마나 많은 약속을 무시해 왔는가? 얼마나 많이 무심하게 새 언약을 천년 왕국이라는 도피적 시대로 미뤄, 교회 전체가 체험도 이해도 못 하게 했는가? 한 사람이 다른 장소, 다른 시대를 위한 약속이라 하는 말을 따라, 얼마나 빠르게 여러분의 세대를 향한 하나님의 뜻을 제쳐두었는가?

숙제가 너무나 거대해진다. 방금 막 본 것의 충격을 감당할 수 없어서 여러분은 부르짖는다. "주님! 주님께서 마음 가운데 저를 향해 품어 두신 그 모든 것을, 제가 이뤄드리기 전까지 제 마지막 숨을 거둬 가지 마세요! 주님의 나타나심을 사랑합니다! 그렇지만 저는 주님께서 교회와 그분 백성들 가운데 가장 충만하게 나타나실 때가 제일 좋습니다."

지난 수세기를 돌아보는 가운데, 각 세대를 향해 하나님께서 계획해 두셨던 것들이 너무나 분명해진다. 어떤 세대의 목적은 상대적으로 더 명백했고, 어떤 이들은 다른 이들보다 순종적이었다. 그러나 각각의 계시와 현현을 접한, 육적인 인간들은 주님의 고귀한 비밀을 취해 자기만의 것인 양 비축해 두었다. 인간이 이득에 탐욕적이었기에, 주님의 언약은 세상에 판매되는 일용품이 되어버렸다. 예수의 몸이 되어 나누고 성장하고, 서로 돕고 격려하는 단계에 이르지 못하고, 진리의 작은 토막들이 주님의 성품과 인격에 대한 결론인 양 사고 팔기 시작했다.

각 세대가 함께 모여 금식하며 기도하고, 겸손하게 아버지를 구하지 아니하고, 후퇴해 교리와 자고(自高)의 벽에 숨어, 각자가 자기만의 진리와 탁월이라는 기를 높이 세웠다. 외관상으로는 연합과 형제애를 보이고 있지만, 마음속에는 우뚝 솟은 위치를 향한 정욕이 끓어오르고 있다. 각 세대에 하나님의 왕국을 세우고 강화할 수 있는 의의 표준을 소유하는 대신, 인간들은 지폐를 모아 자신들만의 소(小)왕국들을 세웠다.

한눈에 보면, 이 모든 작은 세상들은 주님을 닮은 듯한 소리를 낸다. 그중에는 심지어 주님을 닮은 듯 보이는 것들도 있다. 한두 개 정도는 주님처럼 행하기도 한다. 그러나 더 자세히 살펴보면, 생명이 없이 황폐한 관계와 도산한 왕국의 공허한 소리만 들리는, 회칠한 무덤들이다.

한기가 여러분의 등골을 타고 오르고, 이러한 생각에 몸이 쭈뼛해진다. 그러나 여러분의 영은 하나님의 성령과 더불어 증거한다. 주께서 이 놀라운 비밀들을 여러분에게 나눠 주실 때, 여러분의 영은 주님의 영과 함께 불타는 것이다.

이제 여러분은 안다. 이제 여러분은 책임감을 느낀다. 이제 더 이상 핑계를 댈 수 없다. 더 이상 뒤돌아 설 수 없다. 각 세대는 그 세대에 주님께서 나타나시는 여부에 대한 책임이 있다. 매 세대, 모든 세대가 그러하다. 그것이 여러분의 영에 내려앉자, 이제 스스로 고백하게 된다. "내 세대, 내 세대, 나의 세대."

아, 그 목적이여! 그 사명이여! 주님께서 우리에게 주신 부담이여! 의심의 여지 없이 주께서는 이렇게 말씀하신다. "네 골방으로 들어가서 문을 닫아라!" 두말할 것 없이, 주께서 계속 여러분을 그분께로 부르고 계신다! 거기에 여러분의 세대를 위한 운명이 있다. 여러분의 세대가 행하도록 따로 떼어놓으신 무언가가 전능하신 하나님의 마음속에 숨겨져 있다.

여러분은 지난 세대들이나 그들의 진리를 끊어버리는 것이 아니다. 분명히 말하자면, 여러분의 사명은 그들이 이미 행한 일 위에 쌓아나가는 데에 있다. 여러분의 사명은 그들의 사역 위에 더하는 일이고, 다음 세대는 여러분의 일에 더해 갈 것이다. 그렇지만 이것을 분명하게 이해해야 한다. 여러분이 여러분의 세대에 주님의 나타나심을 감당하지 못한다면, 그런데도 이미 있었던 것들에 만족하며 살아가기로 한다면, 그것은 어제의 만나보다 못한 맛이 날 것이다.

여러분에게는 보탤 것이 없다고 설득하려 드는 이들로 인해 겁먹지 말라. 이들은 하나님의 참된 삶, 예수 그리스도로 인해 여러분의 것이 된 성장을 부정하는 육적인 이들이다. 그들은 크고 중요해 보이는 책들을 저술하며, 값비싼 장식으로 제본한다. 이 책들은 심지어 위협적으로 보이기까지 하는데, 그것이 그 제작 목적이다. 책의 분량으로써 이 사람들은 자신들이 소유한 것이 최종적이라고 여러분에게 말한다. 그러나 여러분이 더 잘 알고 있다. 여러분은 진리가 진행적인 것임을 안다. 여러분은 예수를 뵐 때마다, 그분의 형상을 닮아 조금씩 더 변화됨을 알고 있다.

그러니 이 사람들에게 대꾸하지 말라. 오직 여러분의 세대에 나타나실 주님을 기다리며, 그분께 반응하라. 여러분에게 나타나시고자 대기하고 계신다. 여러분에게 그분의 언약을 보여 주시려 기다리고 계신다. 그러니 그분께 반응하라. 여러분의 마음을 당기시는 그분께 굴복하라.

여러분은 이제 골방으로 들어가 문을 닫으라.

관련 성경 구절

시 25:14

마 4:17, 막 1:15

막 1:1-4, 눅 3:3-4

출 3:14

마 22:32, 막 12:27, 눅 20:38

히 3:7, 15

마 23:27, 6:6상

후기

이제 여러분의 영혼은 주님의 길을 알고자 불타오르고 있다. 하나님의 가장 비밀한 것을 알려는 열정이 여러분을 움직이고 있다. 내가 옳았다. 그렇지 않은가? 나는 여러분의 마음이 주님을 갈망하는 것을 알고 있었다. 내 영혼도 그렇게 타오르고 있기 때문이다.

우리 삶의 궁극적인 기쁨은, 하나님의 계획을 알고 그분의 음성을 들으며, 주께서 준비해 두신 우리의 변화될 운명을 따라가는 것이다. 다른 모든 목표들은 이 열정의 화염 속에 꺼져 버린다. 다른 모든 염원들은 상대적으로 하찮다.

"여호와의 친밀함이 경외하는 자에게 있음이여 그 언약을 저희에게 보이시리로다"(시 25:14).

여러분과 나는 모두 헌신해야 한다. 새로 발견한 것들을 토대로 함께 결단해야 한다. 준비가 됐는가?

여러분과 나는 자신과 다른 그리스도인들의 비교를 마쳤

다. 여러분과 나는 우리의 믿음과 교리와 꿈들을 다른 이들에 비교해 재는 일을 끝냈다. 그런 것 같지 않은가? 우리는 모두 자신의 필요와 평판, 자존심에 대해선 관심이 줄어 가는 것을 본다. 줄곧 육신적 기대를 충족시키려 하며, 인간의 구속적 전통을 살금살금 따라가고 있다. 기억하라. 우리의 마음은 하나님, 살아 계신 하나님을 갈망하며, 그분의 충만함을 향한 전적인 탐구 속에서 주님을 찾기로 결단한다.

우리는 새 언약을 따라 사는 것은 말할 것도 없고, 이제 겨우 그 언약의 충만한 복을 겨우 이해하기 시작했다. 우리는, 예수 그리스도를 통해 우리의 것이 된 주님의 선하심을 이제 겨우 맛보기 시작했다. 진정한 자녀의 신분이라는 게 어떤 것인지, 그 열매를 맛보았을 뿐이다. 하늘 아버지께서 우리에게 다가오시려는 열정, 혹은 우리를 위해 독생자를 주실 만큼 강렬한 사랑을 겨우 이해했다.

그렇게 우리가 해냈다. 신나지 않는가? 우리를 영원히 변화시킬 결단들을 한 것이다. 주님께서 늘 바라셨던 그대로 말이다.

이 책은, 현저한 임재 가운데 주인이시자 왕으로서 하나님께서 통치하시는 휘장 안에서 우리의 소유가 되는 새 언약의 몇 가지 간단한 비밀을 보이기 위해 쓴 것이다. 여러분이 전통

주의(그것이 은사주의적 전통이라 해도)의 벽을 뛰어넘고자 한다면, 주님의 더 깊은 임재와 하나님과의 더 뛰어난 교제의 세계로 들어가야 할 것이다.

우리 안에 계신 주님의 영이 우리를 더 깊은 곳으로 이끌며, 익숙한 것들을 지나 초자연적인 사랑과 우리의 상상을 뛰어넘는 능력의 실재로 들어오라 한다. 주님께서는 곧 이 땅에 다시 오실 것인데, 그분의 기쁨을 위해 여러분과 나에게 그분을 계시하실 것이다. 주님께서는 곧 진정으로 그분을 경외하고 그분의 나타나심을 갈망하는 이들에게, 그 구원의 충만함을 밝히 보이실 것이다.

나는 여러분이 그중에 속했음을 안다.

여러분의 마음이 여러분을 그리 이끌고 있다.

◀ 관련 성경 구절
딤후 4:8

지성소의 비밀

지은이 단 노리
펴낸이 김혜자
옮긴이 고병현

1판 1쇄 인쇄 2010년 1월 18일 | 1판 1쇄 펴냄 2010년 1월 22일

등록번호 제16-2825호 | **등록일자** 2002년 10월
발행처 쉐키나 출판사 | **주소** 서울시 강남구 대치3동 982-10
전화 (02) 3452-0442 | **팩스** (02) 3452-4744
www.ydfc.com
www.shekinahmall.com

값 10,000원
ISBN 978-89-92358-42-2 03230

※잘못된 책은 바꿔 드립니다.

쉐키나 미디어는 영적 부흥과 영혼의 추수를 위해 책, CD, TAPE, 영상물 등의 매체를 통해 하나님 나라 7대 영역(종교 · 가정 · 교육 · 정부 · 미디어 · 예술 · 사업)으로 확장되는 비전으로 나아가고 있습니다.